U0502175

世图心理

博客：http://blog.sina.com.cn/bjwpcpsy
微博：http://weibo.com/wpcpsy

育儿先育己

父母成长支持手册

[比]米 杉 ———— 著

倪男奇 ———— 译

世界图书出版公司

北京·广州·上海·西安

图书在版编目（CIP）数据

育儿先育己：父母成长支持手册 /（比）米杉著；倪男奇译. —北京：世界图书出版有限公司北京分公司，2021.11
ISBN 978-7-5192-8960-7

Ⅰ.①育… Ⅱ.①米… ②倪… Ⅲ.①儿童教育—家庭教育 Ⅳ.①G782

中国版本图书馆CIP数据核字（2021）第199340号

New Generation Parents - A Guide & Workbook for Parents and Parenting Groups,By Michel Claeys（米杉）

书　　名	育儿先育己	
	YU'ER XIAN YUJI	
著　　者	［比］米杉（Michel Claeys）	
译　　者	倪男奇	
策划编辑	王　洋	
责任编辑	吴嘉琦　梁沁宁	
出版发行	世界图书出版有限公司北京分公司	
地　　址	北京市东城区朝内大街137号	
邮　　编	100010	
电　　话	010-64038355（发行）　64037380（客服）　64033507（总编室）	
网　　址	http://www.wpcbj.com.cn	
邮　　箱	wpcbjst@vip.163.com	
销　　售	新华书店	
印　　刷	三河市国英印务有限公司	
开　　本	787mm×1092mm　1/32	
印　　张	9.75	
字　　数	210千字	
版　　次	2021年11月第1版	
印　　次	2021年11月第1次印刷	
国际书号	ISBN 978-7-5192-8960-7	
定　　价	59.80元	

前　言

育儿是一个学习历程

我们正在经历一个急速变化的时代，今天的儿童生活在一个与二三十年前截然不同的环境中。很多事情看起来似乎不稳定，但有一件事情是确定的：人们的觉察意识每天都在提升。

学校环境同样在快速变化：情商教育现在已经逐渐进入教育教学的计划之中；主动教育、积极教育、合作教育已经被证明是帮助儿童发展更高绩效表现以及准备好面对当今世界新环境和新挑战所必需的。

在这个快速变化的环境下，如果你尚未做好准备，育儿会成为一个相当大的挑战。我们都知道儿童需要在一个积极、有爱、富有支持性的环境中成长，可具体而言，父母该如何营造这样的环境呢？几乎所有父母都希望自己的孩子生活得幸福且成功，但是过分的紧张和压力不仅会毁掉儿童的成长，也会毁掉父母的健康和幸福。因此，父母需要理解育儿是一个不断学习的过程，是一种体验，它要求特定的技能，我们既不能忽略它，也不能视之为理所当然。父母需要被培训和协助，一些简单的技能就可以把他们的普通家庭活动转化成更愉悦的体验。

这就是本书的目的所在。本书为你提供了一些简单却有效的个人成长的指南，通过不同的方法引领你去适应你的育儿角色。本书邀请你去建立属于自己的育儿团体，因而你可以和其他父母就相关主题一起探讨并成长。

世上没有两个一样的孩子

不同孩子之间存在巨大的差异，不论是在态度、反应速度、成长节奏还是在学习节奏上。有些孩子教育起来相对容易，而有些孩子对父母和教育者而言却是一个不小的挑战。

不过，这并不是说他们更好或更差，也不是说他们的生活将会更成功或更失败。如果父母和教育者根据孩子的特定需要，信任并支持他们，孩子可以按照自己的节奏成长，他们可能会以不同的方式获取成功。有的孩子会要求在一个非常开放的环境中自由地探索事物，他们能够为自己设立清晰的目标，并愿意付出努力达到目标；而有的孩子要求一个更有结构性的环境，需要一个明确而清晰的界限。

没有哪种育儿态度能以完全同样的方式对所有人有效，但是所有的育儿态度应当有一些共同的特征：富有支持性，对儿童的需求敏感，能够识别每个儿童的独特节奏、才能和优势，引导孩子发展自主和自信，帮助孩子努力展示适当的社会和情绪技能。

育儿挑战

父母日常处理的一些事务可能给他们的生活带来了相当大的压力，包括：

- 成人和儿童之间的冲突；
- 儿童表现出的急迫的要求和压力，比如表现出的对合作的阻抗；
- 无礼的态度；
- 在接受学校节奏上的阻抗或困难；
- 早晨没有动力起床；
- 沟通困难；
- 挑食；
- 在作业问题上的争吵和纠缠；
- 电子游戏、屏幕时间管理上的较量和斗争；

· 没有动力参与家务活动；

· 健康问题；

· 焦虑模式；

· 缺乏自信；

· 愤怒和暴力；

· 多动症，注意力缺损和其他具有挑战性的综合征……

有时候，儿童看起来好像决定要和爸爸妈妈对着干，特别是他们长大一些能够自我决定的时候，这时，他们所做的并不必然是他们的父母想要他们做的。这是典型的挑战，但我们同样有能够帮助解决这类问题的措施和策略。

这本书将帮助你理清并扩展当下你已有的育儿技能，并鼓励你使用你尚未尝试的新概念。

这里所说的儿童，并没有特别的年龄设定。父母需要学习的技能是通用的。任何父母都可以把这些相同的技能和知识应用于所有的孩子，不论是什么年龄段，不论是在怎样的条件下。

育儿团体

本书邀请你联结其他家长并获取支持，支持性团体会帮助你分享、交换解决方案，以及一些新的策略和实践方法。当你感到挫败和压力时，团体会帮助你在你的目标上保持聚焦。

没有两个一样的儿童，育儿挑战亦是如此。因而本书设计的活动旨在帮助你识别在你所处的特定情境中，你的解决方案都有哪些。对此做出分享，不仅会帮到你自己，也会帮到其他人。

希望育儿团体这个工具能够更加普及化，让更多父母能够学会去使用它。这类团体可以是有专业工作者或有一定经验的人士带领的团体，也可以是在普通家长家里活动的自我管理型团体：只需要找到一处地方，方便让所有人舒服地聚会，让这个地方变得有趣、有吸引力。附录中有一些游戏，能帮你们把聚会变成非常愉悦且有趣的体验。祝你好运！

目　录

一

创造良好的育儿环境

1　儿童的情绪发展

婴儿出生时是从"万物合一"的那个意识点来的，那里包含了生命的本性。在这个三位一体（身体、情绪和思维）的存在里，他们有所有可学习的东西：学习走路、学习交流、学习思考和创造、学习表达。不过，婴儿并没有与他们的"内在资源"切断联结。恰恰相反，他们纯净而炯炯有神的目光、天使般的笑容、无条件的接纳以及无限的能量，都表明了他们完好无损的源头。虽然婴儿无法运用自己的思维能力，但是他们拥有意识：他们是"临在"的，他们是简单、纯粹的爱与喜悦的存在。

两三年后，幼儿的大脑发育和思维清晰度依然没有完全发展，他们的情绪也还没有稳定。他们需要一定时间的学习才能完全理解和管理他们所处的情境。不过，他们可以被他们内在的智慧激发和指引。我们不难听到孩子们以敏锐的洞察力表达深刻的真理。爱、喜悦、好奇心和热情仍然是他们的主要推动力。

儿童在丰富多彩的生活中学习，逐渐倾向于与他们的原初联结即深层自我——"本性"①远离。他们的大脑和突触思维不断发展，开始逐步建立个体的身份和历史。他们经历挫折与失败，可能会复制他们父母的模式，在他们的社会文化环境模式中塑造自己。在这个过程中，他们可能容易忘记在他们深层内在的真实中自己究竟是谁。他们把自己认同为在这个时空维度中发展的个性化的个体，拥有自己的经历、姓名、个人特点、恐惧和局限。然后，他们开始其成长历程，即转化局限、挣脱恐惧，重新对深层的内在资源敞开自己。

儿童大多数时候对爱、喜悦、创造性、好奇都保持非常开放的态度，他们渴望学习和成长。实际上，这恰是他们本来的样子。这是我们必须要持续看见的且要支持他们的地方。这将为他们拥有创造性和成功的生活提供力量与灵感。

他们可能偶尔会让我们看到他们"人格"的另一面，挑战我们自身认知、欲望和需要的一面。他们有自己局限的理解。他们以自我为中心的觉察，可能让他们体验恐惧与愤怒，不愿

---

① 欲了解更多"本性"相关内容，可参考阅读米杉的著作《内在父母与内在小孩的拥抱》和《由心咨询》。

长大和成熟。他们有自己学习和成长的道路。

人类通往社会和情绪成熟的道路遵循可识别的阶段。不论这个发展的节奏是怎样的——可能时慢时快，我们都认为人类倾向于如此成长：

·从失联的分裂与个体状态成长为重新联结的合一与和谐状态；

·从自我封闭以个人为中心的状态成长为开放合作的状态；

·从紧张、无序、冲突的状态成长为平和、信任、和谐的状态；

·从低意识状态成长为完全觉知和意愿清晰的状态。

下面我将以学校教育的不同阶段来类比任何年龄的个体的情商发展，据此我们可以得到五种水平。在介绍这五种水平的情商教育阶段前，我需要特别提醒的是，不是所有人都会历经这五个阶段，有的人即使到暮暮垂年可能依然处于情商的学前阶段，有的儿童小小年纪却能展现出很高水平的情商。所以这五个阶段不是与不同的年龄阶段一一对应的，这只是为了帮助我们认识情商的发展阶段的一种类比：

1.学前阶段：童年早期的情绪水平，主要是不受控制的、无觉察的、本能的情绪行为。儿童此时是以自我为中心、偏执、权威、冲动、急躁、容易批评和指责他人的。这个时期，个体不关心他人的需要、不能与他人合作、容易起冲突，对爱的表达也仅限于他们自身情绪需要的表达……

为了正向、积极地发展，他们需要：

·感受到他们的基本需要被接纳和尊重；

·感受到联结；

·有设置明确且清晰的界限以及有限的选择；

·关注和支持，从而可以发展自尊，开放地面对他人。

2.幼儿园阶段：情绪童年期，情绪觉知和社会化的开始。他们的情绪依然非常不稳定、以自我为中心、沟通技能有限、强烈地需要被认可、需要确认他们自己以及开始发展集体意识。

为了正向、积极地发展，他们需要：

·一个安全的环境；

· 强烈地聚焦在自主发展上；

· 认可他们的基本需要；

· 积极的榜样。

3.小学阶段：在这个时期，儿童能更好地内化基本的社会情绪技能，对他人有更多的觉察和开放度。在此阶段，儿童依然非常以自我为中心，但是能够缓和他们的愤怒，节制他们的暴力；能够分享、给予和接受；能够尊重协议；能够理解和遵守规章制度；能够通过更好地沟通管理他们的差异；依然容易有观念上的冲突……

为了正向、积极地发展，他们需要：

· 信任，更合适的自由，更多的自主；

· 一个正向的社会环境，他们可以在其中发展他们的自尊自信，他们的情绪和沟通技能；

· 合适的指导和积极榜样。

4.高中阶段：情绪青春期，进一步澄清和深化基本技能。在此阶段，孩子有了更好的自我调节能力；能够对自己负责；可以更有效的沟通；更稳定、更接纳；能够更好地管理冲突；

能够维持更稳定的关系；对共同利益有更高水平的觉知。他们能够：

- 带着自我接纳和自我负责的态度表达感受；
- 带着共情和耐心欢迎其他人的情绪状态；
- 能够做出积极的选择，尊重他人；
- 能够自我调节情绪，即使依然会发生情绪危机；
- 对差异持开放和接纳的态度；
- 能够不伤害他人地确认他们自身；
- 愿意尊重规则和协议，表现出诚信和诚实；
- 能够放下评判；
- 能够欣赏他人，亦能自我欣赏；
- 能够以尊重的方式解决冲突，找到双赢的解决办法，作为调解人进行有效的干预。

为了正向、积极地发展，他们需要：

- 对所学的知识进行实操练习；
- 信任和支持的氛围；
- 对内在资源（如爱、信任、力量、平和及智慧）保持开放。

5.大学阶段：情绪真正成熟的开始，更高水平的技能整合。他们的情绪更为平衡，有更高品质的存在，有更好的倾听和沟通技能。他们：

- 稳定平和；
- 信赖他人、诚实、正直可靠；
- 自由、自主，但是开放且尊重差异；
- 能够促进对话并解决冲突；
- 把错误视为新的学习机会；
- 主动、创造、革新；
- 展示善意和共情；
- 在不同领域以不同形式展示接纳与合作。

为了正向、积极地发展，他们需要：

- 练习、演示并传授他们的技能；
- 为了深化他们的内在联结，需要进一步联结无条件的爱、喜悦并激发创造性。

显然，每个人都是独特的。有的人在情商方面的能力发展得比其他人快，而每个人的成长节奏都是不一样的。在这个过程中，儿童的情绪成熟度并不一定落后于比他们年长的人。尽管儿童确实需要时间发展他们的大脑和情绪体，但有些人在童年期就显现出资源非常富有且稳定的特质，而有些人即使到了成年，也一直维持着与中心失联及情绪不成熟的状态。每个人的成长路径是不同的，个人因素、家庭环境、教育条件和文化因素都对其有影响。

然而，生命显现出的学习历程遵循一条清晰的路径：从情绪不成熟到情绪成熟。因而，理解这条路径如何引领并把我们带往哪里，是有帮助的，这样我们可以识别进步的条件是什么，从而知道我们可以怎样更好地促成这个进步。

教育策略

情绪的学习和成长更多是通过体验达成的，而不是通过获取信息和概念得到的。光靠讲授是无法提升孩子的情商的。反之，教育者必须知道学习是一个过程，要给予孩子选择权，并且允许错误的存在。教育者需要推进和指导学习过程，但要知道学习在根本上是要靠孩子自己的。这要求成人和儿童必须达成清晰的协议。他们需要抛弃传统的权威关系，在设定目标、澄清规则方面成为伙伴关系。

积极教育基于这样一个简单的事实：要把关注点聚焦在发挥作用的而不是无效的教育策略上。澄清奋斗的目标要比威胁失败或惩罚更能激励人。"想象一下，如果你成功的话你会获得什么"要比"想象一下，如果你失败你会失去什么"有效得多。

从这个角度而言，教育者使用关注有效行为而非无用行为的策略，能够弱化错误，扩大成功。教育者会持续地欣赏和帮助儿童去看其自身已经取得的成绩，不论其进步有多小。

家长不应该忽略问题，要冷静地在一旁观察，旨在为儿童提供协助，识别他们的问题所在：他们想要什么、他们认为自己可以怎样找到解决方案？因而教育者需要发展适当提问的技能：不带压力与责备地提问、温柔地邀请、稳定地存在与支持。不用"你必须"，而用"你观察到什么""怎么样可以更好""你打算怎样做""你准备好做出哪些承诺"等。

儿童并不是一堆陶土，他们不需要按照某个模子被塑造成家长和社会期许的模样。他们有自己的想法，他们有自身特别的价值和才能。父母的职责是支持他们，使得他们可以展现自己内在的价值与美。作为有爱的园丁，教育者需要做的是给这些幼嫩的"植物"培土浇水，让他们长大，让他们按照自己的"蓝图"成长，变成美丽的树木。

家庭是一个社区。它有赖于团体过程，每个人都需要被尊重，每个人都需要参与到做决定的过程当中。在当今世界，如果没有更好的理解和合作的话，人是不可能有进步的。儿童必须发展与人合作的生活技能，并能够与他人和睦相处。这需要家长帮助他们制定明确的协议和工作方法，为他们提供积极和支持性的环境，并及时与他们沟通。沟通技巧是所有人都需要继续努力学习和改进的，本书将为你提供一些实用的提升沟通技巧的工具。

最后，父母需要保持谦卑。父母可能比孩子更高、更壮，更有经验和知识，但是孩子也有属于自己的学习过程。育儿和发展亲密关系都很不容易。育儿是一项富有挑战性的工作，还需要家长肩负巨大的责任，同时，育儿也是家长持续学习的绝佳机会。我们的孩子和伴侣都是我们最好的镜子，他们能够让我们知道自己还有哪些地方需要继续进步。

2 参与或组织一个养育团体

本章是帮助你发起、参与、组织或带领一个养育团体的具体指南。

参加一个养育团体应当承诺投入，全程规律地参加整个活动，持续至少半年到一年。团体活动一般每周或每两周举办一次。这样的团体根据具体情况大致可以分为两类：有专业者带领的父母团体、自行组织的养育团体。自行组织的团体可以在家中举办，但需要有人专门负责联络和安排活动，这一"角色"可以让团体成员轮流担任，让每个人在其中都可受益。

理想而言，这样的团体应当有不少于4人，并且最好不超过12人，这样会使得团体更易于管理。

为了确保团体活动更有吸引力，活动最好以游戏开始，用有趣的方式把人们联结在一起。围圈游戏有助于建立适当的信任氛围，例如"隐形球""换椅子""唱出、舞出你的

姓名""接纳圈""喜欢-不喜欢圈""闭眼驾车""生日排队",等等。(游戏请参考附录)

在热身游戏之后,大家可以围圈而坐。带领者此时可以说明团体的目标和聚会的内容,以及工作的方法。带领者要澄清这不是一个闲聊小组,而是一个遵循清晰沟通指南的工作团体,大家要共同体验书中介绍的活动。带领者要注意讲解的时间不要过多,避免把聚会变成一人的讲座,成员也应当尽可能积极地参与到实操的活动中。

为了让大家认识彼此,敞开心扉,同时发展大家的倾听技能,我推荐在第一次会面时做下面的活动。

"两人一组的自我探索"

进行这项活动大概需要一个小时。成员两两配对,相对而坐。他们轮流用三分钟时间对一个给定的问题发表自己的看法,一个人说,另一个人听。在这三分钟内,听者不允许有任何回答或说话:不评论,不干预。听者只是安静地、支持性地倾听,给予说者全身心地关注,始终保持目光接触。两个小组不要挨得太近。

组队完成后,让组员确定发言顺序。第一个给定的问题是：最近发生在你身上的好事情有哪些？

三分钟后，让大家都停下来，说话者和倾听者交换角色。

三分钟后，让各组之间交换伙伴。可以让所有刚刚说完的人移动到下一组，所有倾听者保持在原位不动。然后以同样的方式讨论下一个问题：目前在你的生活中，什么事情让你有压力？

同样，三分钟后交换角色，然后再次交换伙伴。

第三个问题是：分享一个你有过的成功体验，或者一个你为之感到自豪的经历。

三分钟后交换角色，然后交换伙伴。

第四个问题是：你有哪些才能和技艺？你想拥有什么样的才能和技艺？

三分钟后交换角色，然后交换伙伴。

讨论完这四个问题后，所有人回到大圈中，分享自己的感受和洞见，以及从这个活动中所学习到的东西。

用一些时间进行头脑风暴，讨论你们知道的关于有效倾听的阻碍和原则。列出错误的态度，澄清合适的态度。

倾听的阻碍是指任何减少或关闭他人自我表达空间的行为。这包括：

·忙于他事，没有时间，有其他优先事项；

·表现出微弱的关注，被其他事情干扰或疲惫；

·自我中心，回到自身的需要、担忧和自我的记忆中；

·强烈地需要说话，打断、回答、反应，提出相反的意见，解读、解释、给建议；

·批评、责备，带着情绪的反应；

·提出让他人感觉不舒服而关闭心门的侵入性问题。

有效倾听的原则是指为说话的人提供一个开放的空间。这包括：

·提供持续地关注（不打断、保持目光接触、不做其他事情）；

·认可信息，示意你收到了信息、镜射、总结；

·认可感受、意见、需要和要求，镜射回去，清晰表达你理解并感谢对方所表达的一切；

·通过提问帮助对方说更多；

·帮助澄清对方的感受、意见、立场、选择和解决办法；

·表达共情、真诚地接纳，向对方表示任何他所表达的都没问题；

·觉察非言语信号。

开展其他活动

活动可以以总体反馈这一环节来结束，以便评估活动效果、核查成员感受及对下次活动的意见和建议，并明确改进的方向。

3 评估你的养育技能

　　浏览以下这些可以帮助我们进行自我探索的问题，不需要对每个问题都做出完整的回答，只需要思考并做一点儿笔记，准备好在你的养育团体中与你的伙伴们进行分享。

　　请注意，这些问题并非旨在给你打个分数，它们无关好坏，没有评判。这些问题，正如这本书一样，只是一面让你去看自己的镜子，让你去看自己做得如何，你还有什么可以做的不同以获得更好的结果。做父母是一个终生学习的过程。

　　1. 简短描述你的孩子：

　　　　·你孩子的人格特质、优势、技能、态度；

　　　　·有什么发展和进步；

　　　　·家庭关系；

　　　　·具体的问题、挑战与困难；

　　2. 在你自己看来，你作为父母做得怎样？你正在面对哪些问题和挑战？你是怎么处理它们的？你需要什么样的帮助？你可以寻求谁的帮助？

3. 哪些教育规则或原则对你而言是重要的？在你训导、教育、指引你的孩子时，你使用了哪些策略和方法？

4. 作为父母，你们是怎样合作的？

1）你们能以一种双方都满意的方式共同分担义务、承担责任、提供教育支持、陪伴玩耍和做决定吗？

2）你们双方能够保持沟通并拥有相似的教育态度吗？如果没有，你们是怎样寻找解决办法以避免彼此指责、互相施加压力的？

3）还有谁参与孩子的教育？

· 你与他们是如何合作与沟通的？

· 你与他们的教育态度有很大的差别吗？

· 孩子对这些差异感觉混乱吗？

孩子会试图利用这些差异来获得好处吗？

5. 请认真思考并回答以下问题。

1）自主：你是否会教孩子尽可能自己做自己的事情，并花时间去"演示如何做"？

2）自由和界限：你更多时候是宽容的还是有权威的？你可以在清晰的界限内、在爱与自由当中找到平衡吗？你个人在这方面的挑战是什么？

3）权威：你会通过言语、肢体或情绪暴力来强加你的
规则吗？还是你倾向于和孩子一起寻求解决方案、
设定清晰的约定？你是否倾向于通过拒绝来施加
压力？

4）空间：你的孩子有自己的空间（自己的房间、床、
书桌、游戏区），还是与你们共享空间？

5）节奏：孩子吃饭、睡觉等时间是否规律？你会统
一大家吃饭、玩耍、工作、阅读、洗漱和睡觉的时
间，还是让每个人以自己的方式进行这些活动？

6）沟通：你们的家庭环境在沟通交流方面是否能保持
互相尊重？当有人有需要时，其他人是否能在场？
你们在表达感受和需求的方式、解决冲突等方面能
做到互相尊重吗？

7）支持和欣赏：你是否能做到认可和支持孩子的学习
过程、在作业上给予孩子帮助、欣赏孩子细微的进
步、持续激发孩子的动力？

8）平衡需求：家庭成员都能得到足够的睡眠、足够的
空间、足够的关注吗？父母的情感关系有时间在照
顾孩子之余得到滋养吗？

9）身体接触和亲密：你们彼此接触、按摩、拥抱吗？你的孩子感觉与你足够亲近吗（不是过度密切、太过依赖，而是尊重每个人的身体"领地"）？

10）孩子对家庭事务的参与：家庭中的每一个成员包括孩子是否都会参与清洁、整理、烹饪等工作？

11）处理情绪：你在多大程度上能够欢迎感受和情绪的到来，认可可能的失望、挫败、恐惧、愤怒、伤心和压力？当这些感受到来时，你能够邀请对方用言语表达吗？你是怎样处理不合适或暴力的情绪表达的？

12）其他：你能够和孩子共同探索对他们重要的议题吗？你能够深化他们对于事物的理解吗？你会在多大程度上允许他们表达他们自身的感受和意见？

6. 请对以下内容的频次进行打分并写下你在作答之后的感受（0=从未；1=很少；2=有时；3=经常；4=总是）。

- 你会和孩子友好地谈话：（　　）分
- 你会因为孩子做了好事而祝贺他（她）：（　　）分
- 你会因为孩子做得好而奖励他（她）：（　　）分
- 你会因为孩子行为不当而惩罚他（她）：（　　）分

- 你会威胁惩罚但实际上并没有采取惩罚措施：（　　）分

- 你会屈服于孩子的压力，即使在你认为不应该的时候：（　　）分

- 你会和孩子一起欢乐地玩游戏：（　　）分

- 你会询问孩子在学校的一天是如何度过的：（　　）分

- 你会在孩子的作业上给予帮助：（　　）分

- 你在试图让孩子改进这件事上感到无力：（　　）分

- 你会拥抱亲吻你的孩子，表达爱与温柔：（　　）分

- 你会和孩子聊他（她）的朋友：（　　）分

- 你的孩子曾经外出而你不知道他去哪里或什么时间回来：（　　）分

- 你的孩子愿意帮助父母收拾和清理：（　　）分

- 你会对孩子的帮助表示感谢：（　　）分

- 你的孩子会参与家庭活动计划的制定：（　　）分

- 你会过于忙碌以至于忘了孩子在哪里或在做什么：（　　）分

- 你会参加孩子学校的家长会：（　　）分

- 你的孩子会单独在家而没有成人监护：（　　）分

- 当孩子做错事时，你会动手打他（她）：（　　）分

- 当孩子做错事时，你会借助工具（皮带、棍子等）打

他（她）：（　　）分

- 当孩子做错事时，你会对他（她）叫嚷：（　　）分

- 你会"忽略"孩子的不当行为，认为即使自己有反应也没用：（　　）分

- 你会冷静地向孩子解释他的行为为什么错误：（　　）分

- 你能够和孩子沟通他的想法，询问他可以做出什么改变：（　　）分

7. 回答这些问题后你学到了什么?

8. 和你的伙伴或养育团体分享你的回答和洞见（如果你们的团体超过6个人，可以根据需要分成3～4人的小组进行分享）。

4 明确你的教育价值观和目标

以下建议可能对你在养育中培养清晰积极的意愿有所帮助：

·如果想要孩子关心他人，我们就需要以关怀的方式回应他们。如果想要孩子有尊严，我们就需要找到建立其尊严的方法。如果想要孩子尊重自己和他人，我们就需要尊重我们的孩子，尊重他们的感受。

·你可以给孩子的最好的礼物就是分享真实的自己。而与你自己的成长过程保持联结，则是你可以给孩子和伴侣提供的最重要的礼物。为人父母这项"工作"在很大程度上依赖于你的自我认知和觉察。

·花些时间明确你希望如何与你的孩子在身体、情感、精神、社交和认知方面进行互动。提前考虑这一点将使你能够主动而不是被动地与孩子互动。

·你如何培养孩子建立坚强的品格并发展积极的自我意识？你帮助孩子成长、提高自信、建立自主性、掌握学习方法以及提供社交支持的策略是什么？

·想一想信息时代下的父母所面临的养育挑战。你计划如何管理孩子对电子设备的使用？

实践并与你的养育团体（或朋友、伴侣等）分享以下内容。

1. 用一些时间：

　　1）检验对你而言最为重要的价值观，列出你最想要输出给孩子的价值观。

　　2）澄清你想要如何帮助孩子理解并内化这些价值观。什么样的教育方法最可能帮助你达成这些想要的结果？澄清你在身体、情绪、认知（说话、讨论、澄清想法和概念）等方面想要如何与孩子互动，描述你想要和孩子有怎样的家庭环境和关系。

2. 你准备立即采取什么实操步骤？哪些方面是你感觉没有准备好的？你可能需要什么样的技能，以进一步实现你的意愿？为自己设立清晰的教育目标，以及清晰的个人成长目标。

3. 明确你计划如何与你的伴侣以及其他养育者（孩子的祖父母、教育者、老师等）沟通这些想法、感受和发现，理解每个人都需要尽可能和谐地融入这个支持性的氛围。

（如果你们的团体超过6个人，可以根据需要分成3～4人的小组进行分享。）

5 明确你的婚姻和养育协议

婚姻本质上是夫妻之间的一个合同。不论是在一起生活，还是共同养育孩子，都要基于清晰的协议。他们需要花时间共同明确他们计划如何应对可能的挑战，以及双方的沟通方式和教育原则。的确，夫妻双方在动机、愿望和期待等方面越清晰明了，他们对育儿的日常里所发生的意料之外的事情就越有准备。

用一些时间想一想，哪些问题是你与伴侣和其他共同生活在一起的可能的养育者（如孩子的祖父母）应当达成一致的。你需要调整你的态度，对每个人都给予支持，否则很容易引发冲突。孩子则可能无法在界限清晰的环境中成长，这种环境可能会让他们变得行为混乱。

你们的关系和养育协议依据了一些清晰的规则，它们是对成长和学习的一种承诺。你并不承诺完美，因为没有人是完美的。但是我们总是可以从我们的不完美中学到些什么。第一步就是要能够识别并承认我们与我们所同意的原则不一致，我们的协议应当帮助我们明确我们需要做的，以及帮助我们学会如何改善现状。

与你的伴侣一起制定你们的协议，讨论你们之间的不同点，确保双方都确切理解协议的意思。

你的养育协议可能包括以下方面：

1. 我们同意彼此视对方为很棒的存在，认可彼此的才能，对彼此之间的差异和对方的缺点表示接纳，为对方的成长和学习给予支持。

2. 我们同意总是优先通过对话来解决冲突，尊重彼此的意见、感受和需求。我们愿意以积极而具有支持性的方式寻求解决方案。

3. 我们同意尽最大可能使用我们知道的最佳沟通规则。这意味着我们要使用"我"字陈述、尊重地倾听、不予评判、给予时间、临在当下。

4. 我们同意不使用暴力，无论是言语上的还是躯体上的；我们同意不使用不尊重的语言，不论是对彼此，还是对我们的孩子或是其他任何人。

5. 我们同意尊重彼此的领地，努力建立对彼此无压力、无控制或无侵入的关系，尊重每个人的选择，充分使用合适的沟通技巧，以提出旨在达到双赢结果的开放性要求。

6. 我们同意尽可能使用"魔法词"来帮助我们创设和谐的关系，如"对不起""谢谢你""没关系""我还是爱你""请原谅我""我欣赏你"……

7. 我们同意对彼此保持完全真实透明，清晰地表达我们的感受和需求，完全地信任我们的质疑、挑战和成长过程。

8. 我们同意对我们存在局限性的模式、可能的受伤模式、恐惧和其他可能的强烈感受完全负责，双方都尽可能地参与对方的疗愈过程。

9. 我们同意在我们各自的育儿角色中相互支持，因为我们知道我们的男性和女性特征相互补充，为父亲和母亲的角色创造了不同的空间。我们同意使用适当的沟通技巧，并花时间协调我们的观点和态度，以便为我们的孩子提供连贯一致的家庭环境。

10. 我们同意始终保持对彼此的支持，避免公开对抗。当我们其中一个人以一种不同于对方的方式处理育儿问题时，我们同意不干涉。

11. 我们同意遵循以下具体的教育价值观和目标。

12. 我们同意澄清家庭惯例。

13. 我们同意分担家务，调和我们对孩子的态度。

14. 我们同意在这些原则恰好被遗忘时，彼此可以善意地提醒。我们同意承认可能的健忘态度，并尽可能立即有效地回到这些原则中来。

6 注意你做出的榜样

孩子主要是通过模仿他们所观察到的对象来学习的，他们尤其会复制自己父母的样子。你的行为对他们产生的影响要比你的话语大得多。

让我们清楚一件事：行为适当以及生活成功，不是你可以"教给"孩子的！你只能够为他们创设一个适宜的环境，让他们敞开面对内在的喜悦、热情、动力、自信、决心和情绪，等等。这些学习过程是"体验性"的，而非理论性的。

重要的不是"告诉"他们该如何做，而是"呈现"给他们什么。要成为一个他们可以模仿的积极的榜样。任何你不想要你孩子做的事情，你自己都不要去做。你跟他们说话的方式，你倾听他们的方式，你尊重他们的方式，这些是他们学习和成长过程的基础。如果你想要孩子说话有礼貌，那就有礼貌地和他们说话。如果你不想要他们大声叫嚷，那就不要对他们大吼大叫。任何你想要他们拥有的态度，你要首先去做到。如果你做不到，承认你的失败并道歉，他们也一样会模仿的。

有时我们会说错话，让我们的孩子感到受伤、愤怒或困惑。尽量避免说出这些语句，以及了解如何说话才能让你的孩子真正倾听。比如，"走开，不要打扰我，难道你看不到我正在忙嘛！"可能会传达出你对他们不感兴趣的意味。之后，他们可能会倾向于以类似的方式表达对他人的低兴趣，甚至可能对你也是如此。

小贴士：

▶ 孩子的所见比所听要多得多。避免长篇大论，孩子甚至听不见或不会听。展示你想要他们看见或做到的，只用清晰简洁的语言信息表达。

▶ 使用正面的语言信息。要求做某事比禁止做某事要有效得多。负面信息（不要做这，不要做那）通常被内化为一种评判（你是错的！）。这种说法没有指明更好的选择，孩子可能对被期待的做法一无所知。当你说"不要在沙发上跳"，他们听到的可能是"在沙发上跳"！你可以告诉孩子你想要他们做的："沙发是用来坐的，让我们坐在沙发上！来和我坐在一起……"

▶ 耐心和重复。学习是一个过程，需要保持耐心。让一个孩子在认知上内化某个信息前我们可能需要重复100次。有些人学得快，另一些人则需要更多时间。持续展示稳定的榜样，提醒孩子你对他们有什么期待。

▶ 承认你自身的错误。没有人是完美的，失败是不可避免的。如果你可以接纳自身的不足，你的孩子也能学会从他自己的错误中学习。虽然我们不要求完美，但我们要从错误中学习。要确保你可以把错误重构为学习过程，不论是对你自己还是对孩子而言都是如此。丰富多样地运用这些话语："对不起""这是我的错""请原谅我"……

▶ 认可情绪。不论你感受到什么，你都可以感受。把你的感受用词语表达出来，对感受表示接纳，这会在很大程度上推进学习过程。感受只是感受，它们不需要被证明合乎情理，也不需要被分析。它们只是需要被认可和欢迎。最好的是把你的感受识别为身体里的一种体验：指出它们在身体的什么位置，指给你的孩子看你在哪里感觉到这些感受，这会帮到他们学习认可自己的感受。

▶ 区别感受和态度的不同。清晰地展示当你感觉糟糕时，你是如何让自己恢复的。既不是指责他人，也不是大叫大嚷或发疯攻击他人，而是用一些时间"和自己在一起"，呼吸并照顾自己，重新回到中心、回到自身的平衡。

▶ 保持对你的伴侣和其他成人的尊重。你和其他成人联结的方式，你是怎样沟通、倾听、认可差异、解决可能的冲突的，这些都会对你的孩子有强烈的影响。

1. 哪些言语、行为和态度，可能是你给孩子做出的错误榜样？哪些是你需要避免的？

2. 识别更好的信息和态度，识别那些既能满足你自身需要，又能充分表达你支持性教育态度的语言及态度。

3. 与你的养育团体分享。

（如果你们的团体超过6个人，可以根据需要分成3～4人的小组。）

7 拥有连贯一致的家庭规则

家庭场景再现

有一次，我们在家招待朋友共进晚餐。我们6岁的儿子小米也被叫来和大家一起吃饭。我们家里有个规则——"餐桌上不放玩具"。他坐上餐桌时，手里还拿着玩具，但因为有朋友在场，我就没制止他。小米的座位被安排在他妈妈旁边，但他想挨着我坐，因为其他人都入座了，所以我没有同意。小米的妈妈本想答应他，但是她并没有坚持自己的想法。等小米坐下来之后，他发现他的盘子和我的不一样，所以就想要我的盘子。小米的妈妈把我的盘子给了他。然后她夹了些肉给他，这是他平时最喜欢吃的。但是小米看到桌上还有鱼，就说自己想要吃鱼。我知道他

"眼大肚子小",便让他先把肉吃了再说。但是他妈妈想要立即给他夹一些鱼,因为还有朋友在场,她想要逃避来自孩子的压力,这非常可以理解。然后她问小米想要多少土豆,小米说他想要吃米饭,但是桌上并没有米饭,只有冰箱里有一些剩米饭。小米的妈妈想去拿米饭热给小米吃,但是我制止了她,然后我对小米说:"不可以,小米!你要吃桌子上有的食物,这里的食物已经足够多了。"小米保持沉默。他的妈妈说:"为什么不可以,冰箱里还有剩的。"我坚持道:"那么他还会接着要别的东西,没完没了。我们在晚餐时间就需要为了满足这个小皇帝而跑来跑去!"小米的妈妈并不持同样的意见。她说:"孩子有他的愿望,他的需要,为什么不尊重他呢?"

当父母中的一方温和宽容,另一方却坚定威严时,这就是典型的不一致。孩子很快就能学会如何利用更宽容的父母,这一角色通常会是妈妈,爸爸则倾向于更严格,不那么为孩子的眼泪或喊叫所动。对于不那么重要的事情(如把玩具拿到餐桌上),这种不一致可能不那么具有破坏性,但是对于一些更重要事情(如完成家庭作业的时间或玩手机的时长),这种不一致可能会成为处理问题的关键挑战。所以父母之间的对话和协议就变得尤为重要，双方保持态度的同步和一致也就变得至关重要了。

养育者之间要确保你们的态度是一致的，尤其是与纪律相关的态度。你的孩子需要知道什么是能被接受的、什么是不能被接受的。他对此的判断来自之前的经验。如果你前一天对某事说"不"，第二天又屈服于哭闹同意了孩子做这件事，孩子就会知道通过向养育者施压他可以得到他想要的。

一致且有规律的节奏让孩子感到安全，也可以帮助孩子建立他们内在的一致性和安全感。如果孩子得到的是不一致的信息，他们就不知道该如何行事。他们可能想试探底线，结果就是他们会做出挑衅的行为。

常规惯例可以帮助孩子了解大人期望他们做的。这意味着要给他们规定进餐时间、就寝时间，以及自由玩乐的时间，也意味着要规定他们在结束游戏之前必须将玩具放回原位。在孩子真正听到并内化这些规则之前，家长可能需要不停地重复这些规则，持续提醒孩子。

孩子在四岁之前，时间感还没有发展完全，但是他们依然需要知道接下来会发生什么。有规律的生活节奏可以给他们安全感。随着他们长大，当常规安排（事情、时间）有所变化时，你可以让他们事先知道将发生什么。逐渐教会他们理解什么是之前、之后、之中。

发生重大变化时，比如搬家、新的小婴儿的出生或某人去世，一本简单自制的相册会非常有帮助。如果你们要搬家，可以把旧的家、过去的邻居、新的家、新的环境的照片放进去，写下来会发生什么。这会帮到孩子理解变化，预防焦虑。

避免在孩子面前意见不统一

家长之间最好提前确认家庭规则，以及当你们态度不一致时将会如何处理问题。家长应当对彼此总是保持支持，避免公开的冲突。当一方处理问题的方式与另一方想要的不同时，一方应暂时不予干涉，如果需要，可以在之后再具体讨论。

1. 在一致性和家庭规则方面，你的家庭是怎样的情况？

2. 你觉察到有困难吗？有哪些困难？

3. 你可以从上文提到的案例中学到什么？

4. 与你的养育团体分享。

（如果你们的团体超过6个人，可以根据需要分成3～4人的小组。）

8　帮助孩子发展自主性

　　孩子出生成长的过程，就是一个从完全依赖他人的婴儿成长为一个全然自主、自我负责的成人的过程。这个成长过程需要花费时间。从出生开始一路成长直到成年，每个人依据自己的个性特征，有着多种多样的成长速度。在童年期，自主能力的发展和儿童的大脑发展相关联。与此同时，大脑的发展与儿童面对挑战时寻求解决办法的能力密切关联。这要求家庭环境允许孩子有空间自己去探索如何处理问题，这就是我们所谓的"自主"。从生命的早期开始，自主就是大脑发展和学习新技能的根本条件。在这个过程中，父母的态度是至关重要的：一个富有爱心、支持性，予以欣赏的存在，会容许并引领自我发现、自我关照、自我管理的发生。

　　孩子在成长过程中，有大量的动作和态度需要去学习。在孩子年幼时，给他们时间探索这些动作，是极为重要的。在这里我们提及一些简单的事情，诸如：

- 握住并使用勺子
- 把勺子放到嘴巴里
- 用杯子喝水
- 往杯子里倒液体
- 自己穿衣服
- 给植物浇水
- 用抹布擦桌子
- 擦地板
- 解开和扣上纽扣
- 拉上衣服的拉链
- 叠小毯子
- 把衣服叠好收起来
- 洗脸、洗手
- 刷牙
- 使用马桶
- 擤鼻涕
- 说话不大叫大嚷
- 走路不乱跑
- 裁纸

- 用钥匙开门
- 正确地系鞋带
- 离开房间关灯

　　所有这些对孩子而言都是挑战，挑战对他们来说是重要的，如果所有事情都由父母为他们做，就延缓了孩子大脑的发展和成长。这些行为动作可能是我们必须要耐心地教给孩子的，但是教他们和替他们做是不一样的。"教"的合适的方式是，家长邀请孩子自己先去寻求和尝试，观察孩子的反应，让孩子自己去探索并寻找办法。只有在必要时，家长才需要先演示给孩子看该怎样做。但演示只是演示，演示完毕后要让他们自己做。家长要给孩子足够的时间来模仿、摸索和学习，不断地对孩子的微小进步予以鼓励，但不用过于强调，不需要鼓掌，只是欣赏他们的专注、努力和本领。

　　显然，孩子通过试误法学习可能会引发一些混乱，所以环境必须要与此方法匹配并且安全。同样地，孩子应当参与到收拾整理的工作中，比如清理自己撒出来的食物或水。所有这些都需要父母的耐心指导，父母要接受孩子可能会犯错误，并持续邀请孩子自己来做事情。

　　自主开始于简单实际的动作，不过很快就涵盖了生活中很多其他的方面。在这个过程中，情绪自主、安排自主、经济自主都会有自己的位置。

随着孩子的成长，你要确保孩子有足够的"非结构时间和空间"，让他们可以在没有任何成人指导或期待的情况下探索任何他们想要探索的。为他们提供可以使用的材料工具等等，让他们可以做任何创造性的项目。提供一个安全的环境，但是让他们自己寻找他们想要做的事情。欣赏他们的选择，同样也欣赏他们的本领和努力。询问他们的意愿，他们的感受和自我欣赏的方面

对于下一代，教育将是一个更加开放和动态的系统，孩子将会有更多的选择和自我设定的目标。学习过程将更加富有合作性，更大程度上依赖于团体过程、小组工作和朋辈指导。课堂将会以自我管理的方式呈现。学生们一起决定如何组织安排以达成学习目标。学习效率更高的学生不是有更多的时间和假期，就是可以更快地进入下一阶段的学习。团体对可能遇到的问题将集体做出决定。如果其中一些学生需要特别的帮助，同学们将会一起探讨如何给予他帮助。

家长和老师依然会陪伴在孩子们周围，但不是为了控制他们。学生团体在成人的督导下处理他们自己的事务，在孩子们寻求帮助时，成人将提供自己的经验和专长。这样的体系可

以在极大程度上为人赋力。如果我们想要让这样一个体系成为现实，那么我们现在就必须要开始培育自我负责和自主的一代。

　　用一些时间考虑并核查你支持孩子发展自主性的方式。你让他有足够的空间和机会完全独立地做事情吗？还是你倾向于为他做事情，限制他的自我发现，屈服于他的求助需求？在他应当独自做事时，他还会要求大人在场或提供帮助吗？

　　探索你可以怎样用不同的方法帮助你的孩子成长得更自主，并在你的养育团体中进行分享。

9 提供选择

家庭场景再现

我曾和我四岁的儿子有过这样的斗争：每当到了他该去洗澡的时间，而他玩得正开心不去洗澡时，我总会大声说"洗澡时间到了"，而他的回答经常是"不"。这时我就会抓起他，把他放到澡盆里，试图让他在温暖而舒适的洗澡水里乖乖洗澡。但是这个小人儿有自己的想法，他不喜欢被强迫做任何事，所以洗澡就变成了我和他之间的斗争，两人都全身湿透，愤怒且精疲力竭。直到我的妻子给了我一个建议："为什么不试试问他要带哪个玩具去洗澡？"我觉得这个主意非常棒。果然，当我这样问他之后，他的回应立马有所不同，小人儿选了自己最喜欢的玩具，开心地进了浴室。

孩子倾向于抵抗压力和命令。实际上，成年人也是如此，我们同样不喜欢被告知要做什么。请用一点儿时间想一下：当你的上司告诉你"你晚上必须要来做这个工作"时，这种感觉并不好受。你"没有选择"，所以你不是很有动力和能量。

不过，如果你意识到这是你自己选择要去做的事情，比如你不想失去这份工作，或你会得到额外的报酬，这样你的感觉会有所不同吗？是的！这是你的选择，你会感到有一种非常不同的动力，有更多能量去行动。

任何时候，只要你向另一个人施加压力，说"你必须……"，那么你就是在剥夺那个人的力量、能量和动力。

没有选择，就没有自由、没有动力、没有能量。这是孩子倾向于抵抗权威的指令的原因。因为这会让他们感觉无力，他们不喜欢这样。不过，如果你给他们一个选择，他们就会感觉被你尊重了。选择会赋予人力量感。

当你给予孩子选择时，困难会少得多。他们会感到被尊重、被赋予力量，他们会学习自主。

这一理念需要永久持续地被应用到我们的教育实践中。不管是面对我们的孩子还是面对任何其他人，我们都不可能用压力和权威获取满意的结果。领导他人达成想要或最适当的态度的"艺术"，要求我们有倾听和提问的能力，帮助他们澄清什么是他们想要的、需要的、选择要做的。通过这个方式，他们可以找到对他们而言要做的最好的事情，设定他们自己的目标，做出他们自己的选择，有动力去为达成自己的目标而努力。

使用教练辅导代替权威指令

父母需要发展这样的能力：温柔而坚定地带领孩子设定一个清晰的目标。邀请孩子思考并找到自己的答案，而不是把自己所知强加给孩子；更多地提问，而不是一味地进行解释和教导；更多地进行核查，而不只是臆测，不管你是否认为自己已经了解了事实。这是指导方针，开始时可能并不容易，但是有必要顺着这个方向前进。

对于年幼的孩子，你提供的选择不是必须要完全"开放"。我们不是要让孩子来掌控我们的生活，决定所有事情或想做什么就做什么。父母需要弄清自己的感觉：哪些是可接受的、哪些是不可接受的。父母提供的选择往往是有限定条件的。在我前面给出的例子中，我并没有问孩子是否想要洗澡，我问的是他想要带上什么玩具去洗澡。

父母需要设立合适的限制、清晰的界限。提供有限的选择是有用的策略。不是问孩子他们想要什么，而是问他们打算怎样做达到想要的结果，这是相当有效的。不说"快来穿衣服，快点儿，我们要迟到了！"而是"你想要先穿鞋子还是上衣？"这会让他们内心更为安定地行动起来。

让孩子自己思考往往比告知他们要做什么更好。"你需要做什么保证自己不会错过校车？"就比"快点儿快点儿，你迟到了！"要好。类似的引导句还有"你想要现在还是等会儿收拾东西？""是午餐之后还是晚餐之后？""你打算怎样完成你的家庭作业？""你计划怎样遵守你的承诺？"……

帮助识别目标、设定协议

孩子需要参与到规则的制定中，这意味着规则变成"协议"，不再是单方面的强加，而是与他们共同协商的结果。如果目的在于让他们成为自我负责的存在，有能力引领一个成功自主的创造性的生命，确实更可取的是视他们为平等的存在，他们对家庭和谐以及创造他们自身的现实共同负责。你不是只想要他们"顺从"，不论如何如此并不会有好结果。反之，你想要和孩子坐在一起，平等地一起讨论。即使孩子只有两三岁，他们也不再是婴儿了。他们也是和我们一样的人类，只是身体还没长大，不需要以高人一等的语气和他们说话。尽可能让他们清楚，是他们自己在做选择，他们的选择会产生后果。

使用清晰的、可理解的话语和他们进行成人式的谈话，不要用婴儿语，让他们知道在发生什么，这会让他们更加专注。他们肯定不想听到你在控制他们的生活，只是因为你年龄大而他们年龄小。当你以尊重的方式和他们说话时，他们就可以发展尊重和负责任的态度。如果你一直把他们当成"宝宝"，他们会倾向于保持不负责任的态度。

有时候我们必须要让孩子清楚，家里并不是就他一个人，家里其他人也有需要，需要尊重家庭的某些时间节奏，并跟他们解释为什么要这样。他们需要理解这些事情的原因，不过我们要以简洁的语言告知他们。

如果需要，可以根据他们是否愿意遵守你的合理行为要求，建立奖励制度来激励他们。公平对待，并且在应用协议时保持一致。

显然，这一切是一个学习过程。它不会立即变得完美。这需要一些时间，需要耐心和持续的努力，对他们和我们来说都是如此。对那些有着强烈自我意愿的孩子的家长来说，育儿不是一件简单的事情。

实践并与你的团体分享以下活动：

1. 找出一个你的孩子不愿服从你的情境。

2. 注意你和孩子在言语交流和对话态度两个方面通常发生
    了什么，比如，你是怎么说话的，孩子是怎么回答的。

3. 花一些时间建立新的沟通策略。明确目标，你想要：

    1）提供一个选择；

    2）通过提问帮助孩子识别他想要的及他要怎么去做；

    3）与你的孩子达成一个清晰的协议和承诺。

（如果你们的团体超过6个人，可以根据需要分成3～4人
的小组。）

10 平衡、坚定与灵活

作为父母，我面临的个人挑战之一是辅导我儿子做家庭作业，确保他学习了他需要学习的东西。最初他相当排斥从学校回家之后还需要坐在那里学习。这是很多家长都不得不面临的挑战。

我儿子八岁的时候，放学后一回到家，就会把书包和外套往地上一扔。我几乎每天都要提醒他把衣服挂到衣帽钩上，把鞋子放到鞋架上，等等。那时他的作业很少而且很简单，但是他依然不想做作业，与邻居的好朋友一起玩耍的时候总是超过规定的时间。我不得不持续地"问"他，有时则需要耗费特别大的耐心，让他给我看他的作业。他很容易忘了这一切，我需要花时间确认他做了所有被要求做的事情，和他坐在一起陪他做，但不是替他做。完成他这个年龄的家庭作业一般不会超过30分钟。

当儿子完成家庭作业时，他的妈妈每晚会花时间教他额外的语言技能（中文阅读和书写）。这一般需要30～45分钟，但是他对学习的回避会让他觉得时间更长一些。

任何时候，只要我们展现出灵活性，他就会利用这一点。之后再让他回到常规的节奏就会困难得多。所以，我们学到了，要建立并尽可能严格遵守清晰的时间安排和协议。

这并不总是有用。即使这样，他还是经常协商想要变化和例外。他是那种像鱼一样难以抓住并控制的小孩，只要我们没有足够紧地抓住他，他就从我们的手中"逃脱"了。

保持坚定："不"就是"不"

当孩子知道可以获得什么的时候，他们不太容易放下。如果这件事情昨天是可以的，为什么今天不可以呢？如果你一天说"不"，另一天说"是"，你的孩子就可能会利用这种不一致。下一次你想要说"不"时，就不得不进行斗争。

当你第一次说"不"，然后"不情愿地"屈服于你孩子的坚持时，情况会变得更糟。这让你的孩子觉得他比你强，他是那个做决定的、设定限制的人。如果你的孩子真的需要明确的界限（大多数都是这样），那么你很难在你必须设定的限度上重新得到他的配合。

例如，当你在超市购物时就很可能会出现这种情况。你的孩子很容易告诉你他想要买什么。他们的选择可能不是你认为合适的选择，他们会被包装精美但是没有营养的那些你不想让他们吃的工业食品所吸引。如果你让你的孩子管理购物清单或者你屈服于这些压力，你就会向孩子传达一个信息，即孩子可以通过施压获得他想要的东西。在大多数情况下，这不会让你们的关系变得更容易。我们经常观察到，立场表达较柔和的父母也不那么受到尊重。

这并不意味着你要一直认为你孩子的要求是不可以接受的，特别是当需求以尊重的方式没有压力地被表达时。当然，孩子感到快乐，我们也会开心，但是成年人应该知道界限在哪里。成年人有责任在设定明确的界限时保持坚定和一致。不要疏于为孩子提供这种连贯性，这对他来说至关重要。

在任何需要的时候，平静、明确而坚定地与你的孩子进行交谈。提醒他们协议的内容，重申决定权在谁那里。让孩子知道表达欲望是可以的，但不要为获得他们想要的东西而施加压力。让他们知道，对某些事情做出决定是你的工作，同时他们可以决定自己负责的事情。

我想要做这个

成年人做的很多事情，孩子们也喜欢做。无论是使用大菜刀，在墙上钉钉子，给门刷漆，使用电脑甚至开车……他们经常会说："我能做吗？"他们甚至可能想要从你手中夺过工具。

当环境安全时，我们的许多日常工作都非常适合让他们探索，但由我们来决定是否适当以及限制是什么。通常，我们有必要说："对不起，这不适合你。你现在可以观察我是怎么做的，以后会轮到你的……"

一方面，有些事情孩子还没有准备好自己做，而且工具的尺寸也不适合他们使用，使用起来并不安全。另一方面，我们有必要明确指出成人活动区域与儿童区域之间的界限。这也与尊重领地有关：这里是我的地盘，那里是你的地盘。在这里你可以，那里你不能。这个学习过程非常重要。

那些在餐桌上尽情挑选自己喜欢的食物的孩子，或者从父母的盘子里挑选食物的孩子，会理所当然地认为他喜欢的别人就应当给他，无法发展对他人需求的觉察和尊重。他被鼓励继续以自我为中心。除了他的直接欲望之外，没有任何刺激可以打开其他现实。

当然，坚定的态度是有代价的，你可能不得不面对孩子的不快乐。屈服于他的欲望可能更容易，让他玩得开心更愉快。你可能会想："为什么不呢？"你可能会认为自己是善良、灵活和有爱心的。但是，这种放纵可能是缺乏坚定性的，随着孩子不断长大，这些行为将被证明是有问题的。此外，你越难以拒绝他的不合理要求，你的孩子越觉得他总能得到他想要的东西。

系统性地给予满足促使我们的孩子处于不成熟的粗心和自我中心状态，无法处理挫折感，对他人的需求没有反应。因此，成年人必须牢记清晰的"不"的教育价值。

在许多情况下，拒绝或延迟满足是必要的。

稳定而有爱心，但需要保持灵活

但是，应该保有平衡。坚定必须以温柔和有爱的方式加以呈现，认识到孩子的需求，能够评估现实条件、家长的需求以及孩子的教育需求。成年人应保持灵活性，准备好让步，在需要时可以准备好改变自己的主意，以达成双赢的协议。

保有坚定确实不是要到处去设置障碍，这和让孩子探索新体验、新技能、新空间及新活动同样重要。孩子既需要自由地探索，也需要清晰的界限。他们需要界限良好的领地，以及力量和平衡的示范。他们既需要被邀请去探索，也需要面对被拒绝。

头脑中带着这样一种意识，你最好采取主动让你的孩子感到惊讶，而不是屈服于压力。与此同时，认识到孩子的坚持是合理正当的要求也是重要的。在那种情况下，告诉孩子："好的，我会给你一个机会。也许不是现在，但我们将安排一个合适的时间让你探索这个。"

实践并与你的团体分享以下活动：

1. 你在清晰的界限这个方面的体验是怎样的？你是什么类型的家长，对界限和领地是严格的、灵活的还是完全不设限的？

2. 你是如何平衡你的态度的？

3. 你为孩子使用电视、平板电脑、手机等电子设备设置了什么样的规则？限制了多长时间？限制了哪些节目？你对孩子在互联网的使用方面有任何控制吗？

4. 你们的协议是如何工作的？你们的协议是否得到尊重？你是如何应对压力的？你遇到了哪些挑战？你如何应对这些挑战？

5. 你有什么不同的做法？怎样做会更好？

（如果你们的团体超过6个人，可以根据需要分成3～4人的小组。）

二

在育儿过程中成长

11　使用正强化

欣赏

儿童需要得到认可和欣赏以培养和发展自尊和自信。正强化是父母最有效的工具之一。然而，这并不是说要为孩子做的每一件小事（如喝完牛奶、画一条直线）鼓掌。为了避免让欣赏变得毫无意义，请注意以下几点：

- 更多地对孩子的努力和创造性的选择而非结果表达欣赏。
- 只是欣赏那些真正要求技能、创造性或努力的成就。

- 对欣赏进行具体化表达。不说"太棒了！做得好！"，而说"你为那幅画选择了明亮快乐的色彩，这很美。"或者"我看到你为我们昨晚读的故事画了一幅画，这非常有创造性！"
- 欣赏行为，如"在我完成那个文档的时候，你在非常安静地玩拼图。"。
- 旨在鼓励而非表扬。"你在某某（整理）方面表现出了突出的能力"要比"你真棒"更有效。
- 旨在发展孩子的自我欣赏能力。"你可以为你自己自豪"要比"我为你自豪"更好。这样是更好的表达："你有多喜欢（你自己画的画）？"或者"你对你在（游泳）方面取得的进步是怎样的感受？"注意在给予欣赏时把焦点放在让孩子对他自身能力和成就的感受中，而非放在制造对你的认可的依赖中。比如，"我为你自豪"鼓励孩子寻求你的认可，而"你可以为自己自豪"鼓励孩子为自己自豪，同时认可他自己做的艰苦工作。

看事情的积极面

扩大积极面，缩小欠缺点。支持性的态度包括聚焦在孩子可以做的事情上，而非他们尚未掌握的事情上。关注在取得的细小的进步上，而不是指出还没有做到的事情上。你通过这种方式提供支持，推动进步。否则你可能在泄孩子的气，降低他的动力。指责和威胁从来都不是最有效的教育策略，远离它们。反之，通过提问帮助孩子识别清晰的目标。聚焦在促发动力、认可能力、鼓励和欣赏上。

如果孩子缺乏信心或感到焦虑，父母的信心应当"在场"，作为孩子的依靠。相信你的孩子，爱你的孩子，他们将依循自己的节奏学习任何他们需要学习的。

表达欣赏

1. 想一下你对孩子和伴侣表达欣赏的频率是怎样的，通常是以怎样的方式？从现在开始你可以有怎样的改变？

2. 对你的家庭成员（伴侣、孩子）做一个表达具体感谢的清单列表：

   ·今天因为……我想要表达感谢……

   ·今天我想要对自己表达感谢……

3. 如果你在一个小型团体中，用一点时间想一下你对每个人想要表达的感谢。然后组织一个感谢圈，轮流表达感谢。

12　如何支持孩子的自尊？

　　自尊是幸福生活的一个非常重要的因素。一个人拥有智商和才能是好运，但是如果他缺乏自尊，那么这可能成为他在工作、关系以及生活的几乎每个领域里取得成功的阻碍。孩子的早年生活是积极自尊的基础。作为父母，我们不可能对影响孩子自我形象的每件事予以控制，但是我们仍然可以做很多事情。以下是一些建议：

1. **对孩子表达爱和情感**。我们和孩子打交道，从婴儿期开始就应当带着很多的情感和爱。一个得到很多温情与爱的婴儿，他在潜意识中就会感受到他是值得被爱的，是足够重要的。这说起来容易，有时却不容易做，比如当我们完成了一天的工作以后很疲惫时。因而，我们自身的情绪平衡和对内在资源的联结才是根本。我们必须首先提升内在的安全感、信心和耐心以及自己的沟通技能，以便我们可以持续为孩子提供一个充满爱的环境。

2. **赞美你的孩子**。尽可能地赞美你的孩子。在任何他做事正确的时候都及时地用语言赞美他。

3. **让你的赞美可信**。让你的赞美可信是重要的。夸张的赞美或者为一件简单的小事情大声鼓掌，可能会产生反效果。孩子可能还会发展膨胀的自我，这会影响他和朋友的关系，从长期来看，这会影响他的自尊。

4. **与孩子一起设定简单、清晰、可达到的目标**。目标应当足够容易以避免失败。关注在可以立即达成的事情上，比如单独穿衣、管理作业时间或其他清单任务。设定符合孩子年龄和能力的目标。当孩子为目标努力时，指导并赞赏他在其中每一步的成功。关注并赞美小的进步，而非关注尚未达成的事项。赞美任何成就，强化他作为一个成功者的自我意象。

5. **需要时，批评孩子的行为或态度，而不是他这个人**。当你的孩子做了不合适或令人沮丧的事情时，不要说"你是个坏孩子"，你可以说"你不应当加入这样一件事情当中，我知道你可以做得好得多"。

6. **识别并确认孩子的感受**。当孩子的自尊受到打击时，重要的是确认他的感受。例如，如果孩子被朋友或老师的

伤害性评论冒犯,请对孩子说:"是的,这让人感觉受
伤"或"你感觉被冒犯了,我理解"。只有在孩子感觉
到自己的感受被认可后,他才能敞开面对更积极的评
论,比如认识到也有喜欢他的人,或者其他人对他说
的好话。对于不同的情绪体验予以同样的认可也是有效
的。认可孩子的感受,不论是怎样的感受。感受就是感
受,欢迎任何的感受。

7. **将感受和行为区别开来。**"不论你有怎样的感受,都是
   没有问题的。但是你不可以骂人、打人或破坏东西。"
   感受永远应该被认可和接受,特别是当你知道它们基本
   上是你"身体里"的一种体验时,所以我们无须去讨论
   它们是否合理。不过,接受感受并不是说我们接受不恰
   当的行为。

8. **教授自主和自我负责。**持续不断地邀请你的孩子在合适
   的界限里去自我发现、自己做事。孩子需要被鼓励去自
   己做选择,澄清他们自己的意愿,去探索如何达到自己
   的目标。你的目标不应当是教育出一个顺从的人,而应
   该是教育出一个乐于合作的人。理解"顺从地遵守"和
   "做出清晰的承诺"之间的差异。孩子必须要感受到他
   们和大人一样,对家庭的正常运转负有责任。

9. **设定清晰的协议**。"让我们把我们所达成的协议列一个清单……"，清单可以包括恰当的态度、时间表、要做的事情、不要做的事情。欣赏孩子的承诺，庆祝他所做的事情，经常回看协议，接受这是一个学习过程。使用试误法，给孩子提供持续的支持和温柔的提醒，而不是要求完美。

10. **创设一个"是"的环境**。确保环境符合孩子的需要和能力。让孩子探索和触摸物体，避免总是要说"不"。"不"所传递的是做错事的信号。当你关注在错事上时，你会变得紧张。孩子会感知到这一点，会对让你不开心感到糟糕。积极邀请孩子进入更合适的活动当中。

11. **为你的孩子自豪**。我们要记得经常告诉孩子，作为他的父母我们有多幸运、多自豪。不过，不要忘记你真正的目标是要让你的孩子为自己自豪。分辨表扬和鼓励的区别。欣赏孩子自己的选择。确保孩子是由自身动力而行动，而非为了取悦大人。

12. **正面积极地谈论孩子**。不管孩子或其他人在不在场，都积极地谈论孩子，强调他的特质和进步。如果你倾向于抱怨你的孩子，觉察到这一点，并努力不要再这样做。

13. **确保其他和你孩子打交道的人知道你孩子的长处。** 开学时，和孩子的老师交流，让他们了解孩子的长处，这样老师就可以对孩子有一个积极的印象并有助于老师增进孩子的长处。

14. **不要把孩子和其他人比。** 不要说"你为什么不像某某一样？"或者"你看看他，他能……"，这些话和"你无能，你没有价值"有着同样消极的影响。当这样的比较来自他人时，告诉你的孩子他是在以自己的方式呈现独特性。每个人都是不同的，每个人都有自己独特的才能。强调孩子的长处，对孩子表达信心和支持。

15. **避免概括化。** 孩子会不断成长，你的孩子不会总是害羞、没有动力或感觉无力。绝对不说"你总是"或"为什么你总不能"。生命就是一个永恒不变的学习和成长的过程。相信孩子会自有其时，盛开绽放。

16. **为孩子的才能列一个清单。** 花一些时间为孩子各方面才艺技能列一个完整的清单，在几分钟的探索里，反复地询问孩子，他擅长哪些方面。然后可以用艺术的方式表达出来（如画花朵、曼陀罗）。留一些空间给可能添加的新技能。为孩子这些美丽多样的才能庆祝。

17. **经常告诉孩子你无条件地爱他。**孩子失败或做错事情时，记得说："无论如何，我都爱你！"你为孩子设置每一个令人沮丧的限制时，都应该为他奉送上一个拥抱，一个吻，至少要拍拍肩膀，温柔地捏捏脸颊，或者微笑。

18. **照顾好自己的自尊。**你也需要以积极的视角来看待自己。缺乏自尊的父母将难以养育出高自尊的孩子。所谓好的、积极的父母是知道自己不完美但依然珍视自己的，同时总是努力成长和提升。

实践并与你的团体分享以下活动：

1. 你孩子的自尊心有多强，在陌生人面前他带着自信与人交流的能力是怎样的？

2. 0～10分之间，你评估孩子的自信水平是多少？

3. 你和你的伴侣在这方面给出的榜样是怎样的？

4. 你有没有做过让你的孩子变得低自尊的事（比如施加压力、批评、抱怨、惩罚、与别人比较、表达愤怒和不满）？

5. 你的伴侣或其他的养育者是怎样的？

6. 你应该怎样帮你的孩子提升他的自信心？请看上面写的建议，哪些为你提供了新主意？

（如果你们的团体超过6个人，可以根据需要分成3～4人的小组。）

还可以和孩子一起尝试活动26（见附录2），详细列出他的特别才能。继续探索所有他能做的事情，不论是实际的技能还是心理或社交方面的能力。做一张海报，画一张漂亮的画来庆祝你孩子的才能，把它张贴到墙上。

13　不断提升你的沟通能力

我们都知道交流有多重要，我们也都体验过在家庭环境中去运用我们所知道的理论方法有多困难。我们与亲人在一起生活时，可能会由于过度卷入而变得更加情绪化，也更容易进入应激反应的模式，并且会越来越没有耐心。这样的时刻也正凸显了我们沟通能力的重要性，也正是我们最需要记住和操练的地方。

以下是我们知道的对提升沟通能力有帮助的做法：

– 倾听时保持安静

– 确认信息

– 确认感受

– 适当提问，邀请澄清感受、需要、目标、意愿、协议和
　承诺

– 使用"我"字句陈述，谈论你自己

- 避免指责和评论

- 不带压力地表达要求

- 表达"积极"的要求，要求"做某事"而非"停止做某事"

- 提供简洁的信息（避免"长篇大论"）

- 提供明确的信息

- 丰富多样地使用"魔法词"（谢谢你、对不起……）

倾听技能

大多数人认为他们知道什么是倾听，但很少有人能够有效地实践。我们总是可以在这方面不断地提升能力。

作为对倾听技能的引入，我强烈推荐你们在团体中做"两人配对自我探索"活动。因为这个活动确实可以提供有意义的体验。

　　两两一组，面对面坐好。每人轮流分享，一次一个人说话，另一个人倾听，每次三分钟。说话者就给出的主题进行分享，倾听者在这个过程中不允许有任何回答或说话：不予评论，不能打断。只是静默地支持性地倾听，全神贯注，保持目光接触。

　　当每个人都找到伙伴并坐在一起，与其他小组不要挨得太近，然后确定谁是A谁是B。

　　A开始倾听，B开始探索第一个问题：

最近发生在你身上的好事有什么？

　　三分钟之后，让每个人停下来并交换角色：B倾听，A开始说。

　　三分钟之后，请他们交换伙伴，可以让所有的B保持不动，而所有的A更换新伙伴。

然后以同样的方式探索下一个问题：

当下让你的生活有压力的事情是什么？

再次进行三分钟，然后换角色，然后换伙伴。

第三个问题是：

分享一个你有过的成功体验或你为之自豪的成就。

三分钟之后，再次换角色，然后换伙伴。

第四个问题是：

你主要的才能技艺有哪些？有哪些能力是你想要拥有的？

三分钟后，回到大团体中，分享你在活动中的感受、洞见和收获。

　　分享之后，用一点时间重温并澄清有效倾听的"阻碍"和
"原则"：

　　阻碍倾听就是任何减少或封闭对方表达空间的表现：

· 不在场，忙于其他事情，优先关注其他事务；

· 表现出微弱的关注，被其他事情打扰或疲劳；

· 自我中心，回退到自身的需要、担心或个人的记忆中；

· 强烈需要说话：打断、回答、反应、提出相反的意见、
　解读解释、给予建议；

· 批评、责备、情绪化的反应；

· 提侵入性的问题，让对方感到不舒服并关闭心扉。

　　有效倾听的原则，则是保持开放空间让人更多地表达：

· 提供持续的关注（不打断、目光接触、专注）；

· 认可信息：示意你收到信息，镜射，总结；

· 认可感受、意见、需要和要求：镜射回去，明确表达你
　理解并感谢对方表达的一切；

· 邀请说话，通过提问邀请对方说更多，帮助澄清感受、
　意见、立场、选择和解决办法；

· 表达共情，真诚接纳：不论你怎样表达都没问题；

· 同时觉察非语言信息。

孩子不听，除非他们想听

家庭场景再现

"小米，上床时间到了！"小米的妈妈叫道。六岁的小米极为专注，在院子里玩着他的玩具，装作什么也没有听到的样子。我就在他旁边，我问他："你听到妈妈叫你了吗？"他不看我，依然就像是耳聋一样。我说："你装作什么也听不见？你想吃糖吗？"他突然看着我说："想！"

我说："太好了，你没有聋！这让人放心了！"

"你要给我一颗糖？"他继续问道。

"不，我没有糖，这不是吃糖的时间。妈妈刚才说什么了？"

他没有回答，甚至看都没看我一眼。他依然完全沉浸在他的玩耍中。

"你知道，当我们和你说话时，你却没有回答，这不太好。"

我没有再多说，我等待着。

　　一分钟后，小米站了起来，回应了他妈妈，在他准备好了的时候。

　　倾听对孩子而言不是一种自然的技能。他们只能听见他们想听见的。在你和他们说话时，他们可能容易打断你。在你要求他们集中注意力的时候，他们可能看别处甚至跑掉了。孩子天然地以自我为中心，他们想要得到我们全部的注意力，但是可能并不喜欢关注别人。

　　小米特别擅长在我和小米妈妈聊天时制造噪音。他会用噪音盖过我们的说话声。即使我们告诉他让他声音小一点儿，他也并不想听，而是会发出更大的声音，用这种方式阻止我们说话。这是一个让我们闭嘴的潜意识策略，就像他用手捂住耳朵一样有效。在他的声音没有盖过我们的声音时，他经常说一些与我们试图所说的内容毫不相关的话来回应。

　　这是非常自然的，孩子跟随他们自己的思考过程而非我们的。他们的注意力在他们自己那里，并不在我们试图告诉他们的事情上。他们可以全然投入，高强度地专注在他们所做的、所感兴趣的事情上。但是对他们没有吸引力的事情，他们就很容易过滤掉。

向孩子传授专注和倾听技能

倾听是一个学习过程。这要求成人给予时间和耐心，可能还需要点幽默，集中注意力不断地积极邀请。另外，不断地示范如何适当地倾听是很重要的。

为了发展孩子的专注力和耐心，我们可以请孩子描述他们看到什么、听到什么，通过不同感官通道（如触觉、嗅觉、味觉）感知到什么。我们可以通过不总是立即满足他们的愿望来教给他们耐心，延迟满足他们的愿望。

我们可以让他们重述我们所说的，我们也可以经常示范这个技能，即重复他们所说的话，核对我们是否正确理解了他们想要表达的意思。同时，我们像一面镜子一样，为他们提供聆听自己的机会。

我们也可以录下他们的声音。让他们听自己的声音，或者看视频中的自己，这也是一个提升他们觉察自己的态度的好方式。这会触发孩子在这个学习过程中进步的愿望。

为了向我们的孩子呈现他们是怎么倾听、怎么说话的，我们可以进行角色扮演和模仿，不是取笑他们，在我们扮演他们时也邀请他们来扮演我们。

当我们邀请他们进入"家庭分享时间"里，我们可以和他们设定清晰的沟通规则，提醒每个人轮流说话（可能使用一个"话筒"），不要打断，等待直到某人说完，看着说话的人，如果被问到要予以回应，等等。理想而言，我们应当能够做出简短的沟通协议：

- 我看着说话的人，给予完全地关注。
- 我对和我说话的人予以回应，可以只是"是"或"不"。
- 我等着轮到我时再说，不打断正在说话的人。
- 我可以用安静的手势表达我想要发言（比如举手）。
- 我表达我有怎样的感受，想要什么。
- 不论我想要什么，我都会以尊重的方式无压力地提出。
- 我保持礼貌，不会用语言暴力或肮脏的词语。

也有很多极好的要求专注力、觉察力和快速反应的游戏，你可以在本书附录中找到它们。

使用词语表达感受、需要和要求

婴儿只会用声音表达他们的需求。他们不能具体说出他们想要什么，但是喊叫是他们吸引成人注意的一种非常有效的方式。年幼的孩子需要慢慢地学习如何使用词语，而不再用喊叫表达他们的需求。在他们两岁以后，我们必须要教他们如何这样做，这和大脑发展及语言学习紧密关联。这要求孩子也付出一点努力，这是一个重要的学习过程。学会如何有效而又尊重地沟通并不容易，很多成年人一生都没有学会这样做，依然倾向于通过喊叫施压。所以，你要保持耐心，对你的意愿和要求坚定不移。

首先，成人可以帮助孩子表述其要求：

· 你是想要这个吗？这是你想要说的吗？

· 你是想要做这个还是那个？

· 你同意这个还是那个？

随着孩子的成长，我们可以请他更清晰地表达他的要求：

· 可以请你用词语跟我说你想要什么吗？这样我就可以理解你想要什么了。

· 你知道怎么用清晰的词语来说你想要的东西，所以我想要你这样来做。

· 当你这样跟我提要求时，我不想照你想要的来做。

· 当你以这种方式来表达自己时，我什么也理解不了。我不理解你想要什么。

使用"魔法词"表达接纳、认可、再次联结

当我们感觉陷入了不舒服的感受或思绪中时，像魔法词这样简单的表达可以帮助我们重新在另一个层面上联结。这些词语可以帮助我们转换内在空间，再次建立心灵的联结。这些词可以帮到你及他人。请运用这些词并观察会发生什么。你可以根据具体情境，选择最为合适的词语，但有时你可以连续使用这一系列中的大部分：

· 对不起

· 请原谅我

· 谢谢你

· 没关系

· 没问题

· 我爱你

· 你具体需要什么

· 我怎么帮助你

不过，不应当向他人施加压力要求他们使用"魔法词"。这些词语必须是自发地产生的，必须是真诚的。传授如何真诚地表达感受，比强加"礼貌"要更好。当你要求一个孩子"说

对不起"或"说谢谢你",你只是在教授礼貌。如果他们只是顺从地做,却不带有真正的感受,那么教育价值是有限的,并不是完全无用,但是有限。孩子可以内化一种社会态度模式,这并不是没用的,但是更为重要的是教授觉察。这要求示范,以及珍视真实感受的环境。

提出肯定性的要求

有很多场合需要你禁止孩子做可能伤害自身或他人的事情。然而,大脑倾向于弹出诸如"不要""绝对不能"这样的词语。就好像当你说"不要想一只粉色的大象"时,你的头脑中会立即出现一只粉色的大象。

父母应当知道一个否定的禁令是无效的。孩子更多听到的是提及的行动而非否定词。他们可能看起来好像是没在听、没听见,但大脑正是如此工作的。当你说"不要在沙发上跳!"时,他们可能就在你的眼皮下继续跳,就好像他们在问你:"你的意思是做这个吗?"当你愤怒地反应时,他们会感到惊讶。

所以,我们还可以做什么?

在任何可能的时候,有意识地努力使用肯定的词语去禁止不想要的行为。意思就是要他们去做某事而非禁止做某事，把他们的注意力引向更为适当的、无害的事情上，因而他们可以继续探索并做创造性的事情。

当有什么事情是孩子不应该做的时候，他们需要理解原因，成人要提供必要的信息。花时间给孩子解释，让他们理解为什么这样是不合适的。

使用合适的语言

高警觉地使用"标签"。标签是标定一个人的任何东西，是某种形式的"评判"。你可以批评不合适的行为和态度，但是应当避免给孩子贴上类似"他是什么样的人"这样的标签。在行为和存在之间做出区分。你的孩子不是一个"懒惰的人""粗心的人"或"害羞的人"。他也许有表现出这些方面的行为，这些会在孩子的成长中有所变化。你可以说："我看到当你和人打招呼时，用眼睛看着他们对你来说是困难的。"最好不要说："你太害羞了！你和人打招呼时为什么不看着他们？"

不要忘了每件事都是一个学习的过程。当你给孩子贴上这样或那样的标签时，你是在否定学习的过程，你把孩子固着僵化在一个模式中。显然，你要暗示变化是可能的，你想要支持变化。所以，不要贴标签，不要因为一些行为和态度就给人定性。

请注意，大脑记忆标签要比记忆其他信息更容易一些。当你在一句话里加入标签时，大脑会在其中把标签视作信息中最关键的部分。例如，对一个孩子说"你在用非常小气的方式和你妹妹说话"，会被记录成"你是小气的"。这是因为"小气"作为这句话里的唯一标签，会被认为概括了这个信息。这句话中所有其他的信息都消失了。小气、脏、懒惰、骗子、混乱、害羞、粗鲁、不礼貌、不可忍受，等等，都是标签。（请列出更多标签。）识别出你倾向使用的标签，并觉察这些标签给孩子的自我形象带来怎样的影响。确保你不断地邀请你的孩子积极地发展新技能、新态度，鼓励孩子去做正确的事情。

保持简洁。 大脑不喜欢表达一个信息时有太多词语，否则注意力会倾向暂停。比如，如果你想要给大脑传递的信息是它应当放松你的身体，你最好是闭上眼睛对自己说"放松……"，而不是"我现在放松我所有的肌肉……"。大脑需要你一语中的，略过所有冗杂的词语。

当你对孩子说话时，尽可能有效地使用词语，保持清晰简短、准确高效，这些也是在语言表达中本应有的特质。

使用"容许"性的词语。给予许可的词语比给出指令的词语更为有效。"如果你想的话，你现在可以休息"要比"现在立刻休息"更为有效，后一种说法也许会激发出抵触指令的倾向。原因在于我们在"提供选择"一节里已经看到的，选择本身是赋力的。没有选择，就没有力量。任何"你不得不"都会剥夺孩子的力量。专制性的词语会剥夺力量，无法传递真正的动力。允许并邀请尊重个体自身选择的词语：你可以、你能够、你想要……

使用干净和尊重的语言。如果你不想要孩子对你或他人使用不尊重、肮脏或攻击性的语言，就确保你自己也不使用它们。

用询问替代告知

父母倾向于一直告诉孩子做这做那，但是让孩子自己找出他们需要做什么要比只是给指令有效得多。让孩子自己思考和做决定，也是更尊重孩子的一种行为。不带愤怒和压力地温柔提问：我们同意什么？你认为在这种情况下你需要做什么？

用一点儿时间看看以下两种表述的差异：

告知

1. 请不要这样发脾气！

2. 请收起你的玩具，现在是上床睡觉的时间了。

3. 去刷牙。

4. 现在去做你的作业。

5. 把你的餐具放到水槽（洗碗机）里！

6. 快点儿穿好衣服，你要错过校车啦！

7. 不要忘了你的外套！

询问

1. 你怎样和我说话能够让我明白你想要什么？

2. 当你结束玩耍的时候，你需要对玩具做什么？

3. 你现在需要做什么能够让你及时准备好听故事？

4. 你关于做作业的计划是怎样的？

5. 我们约定好吃完饭要对我们的餐具做什么？

6. 你需要做什么让自己可以准时搭上校车？

7. 你需要做什么让自己不会在外面挨冻？

在"告知"这一类型中，你给予指令，告诉孩子要做什么。结果就是，他不需要自己做出任何选择，他不用承担任何责任。这不会锻炼他的自主性，这只是在培养顺从性。在"询问"类型中，孩子需要思考并决定做什么，也感受到被尊重。

在之后的阶段，你可以问："你的决定是什么？我们可以就清晰明确的节奏达成一致吗？你准备好做出怎样的承诺？你认为我可以怎样帮助你遵守你的承诺？……"

当然，一方面，我们会对观察到的好的方面予以真诚地欣赏和赞美，以此结束。

另一方面，如果回应是消极的，如果孩子不想合作，那么我们可以持续询问：你认为这样会发生什么呢？你认为你这样选择的结果会是什么？……

当你的孩子进入青春期后，你就可以持续地邀请孩子去识别所存在的问题和后果。邀请孩子采取清晰的立场："你真正想要的是什么？你计划如何达到这个目标？你准备好采取哪些实际步骤？你从什么时候开始？……"如果孩子依然没有回应，你可以表达需要以及进一步的邀请和期待："我真的需要一个回答。我们会继续讨论这个，我们什么时间可以再次谈谈这个？……"

发展"询问"而非"告知"的技能，是教育成功的一个重要要求，"询问"也许不是你一直都可以做的事情，但是值得你觉察这其中的差异，并进入这个方向。

主动倾听

"主动积极"倾听包括：

- **敞开**。为他人敞开一个空间允许对方自由表达任何需要表达的，允许沉默，不急于填充沉默的空白。

- **认可**。在对他人的想法、感受、选择、努力、需要和态度等给予任何评论之前，表达明确的认可。欢迎情绪，给予表达的时间。认可意味着放下评判——无关对错，一切都是关于识别目标，找到解决问题或困难的办法。

- **镜射或重述**。避免直接回应提出的议题。反之，聚焦在反射他人自身的现实上，如，他真正的意思是什么？他的视角、想法、感受或体验是什么？镜子并不告诉对方自身的感受或需要是什么、问题是什么。镜子也不提供解决办法，只是帮助识别解决办法。

- **询问**。通过适当提问帮助识别，邀请孩子更多地说。就像剥洋葱一样，帮助澄清。询问"开放式"的问题，比如，具体是什么？什么时间？怎么样……？避免问"为什么"一类的问题。

- **注意身体语言**。儿童也像成人一样，会通过态度和身体语言进行表达。

· **觉察自身可能有的听觉过滤现象。**

　　– 自己的情绪、需要和个人兴趣；

　　– 自身的认知模式、假设、期待和价值观；

　　– 扭曲信息，而非真正理解别人所说的内容；

　　– 解读、解释；

　　– 给予建议……

– 你孩子的倾听能力如何？是否发生过他完全不听的情况？在那样的时候你是怎么做的？

– 结果令人满意吗？他学到了什么？

– 你做的可以有什么不同？

在育儿团体中分享。

我的沟通模式

请回想你最近和孩子、伴侣或他人的一场谈话。

– 你和谁交谈？是谁开启了这场谈话？谈话的内容是关于
  什么的？是谁主要在说，是谁主要在听？谈话是怎样结
  束的？这场谈话有多让人满意？

– 你和你的朋友、父母或其他人交流的品质有多令你满
  意？（在0～10分之间评估。）

– 你通常的沟通模式是怎样的？（比如，我倾向说得比我
  听得多；我倾向听得比我说得多；……）

– 你在沟通交流方面的主要挑战是什么？

– 你最需要或想要发展的沟通技能是什么？

在育儿团体中分享。

沟通问卷

用一点儿时间回答以下问题，看看你在这次自我探索中能学到什么。

– 我在婚姻中通常的交流模式是_____。

– 我通常说的比我听的多得多：是—不—平衡

– 我通常听的比我说的多得多：是—不—平衡

– 当我和伴侣说话时，我会觉察对方是如何在听我说的：

　　　从不—很少—有时—经常—总是

– 我会觉察对方表达的非言语信息：

　　　从不—很少—有时—经常—总是

– 我会觉察我自己表达的非言语信息：

　　　从不—很少—有时—经常—总是

– 当对方向我表达情绪时，我倾向于_____。

– 当我和对方分享个人化或情绪化的事情时，我不喜欢对方_____，我需要对方_____。

– 我在表达自己的感受方面有困难，尤其在_____时。

从不—很少—有时—经常—总是

- 我在表达自己的需要方面有困难，尤其在_____时。

从不—很少—有时—经常—总是

- 我在表达自己的意见方面有困难，尤其在_____时。

从不—很少—有时—经常—总是

- 我心里很矛盾：从不—很少—有时—经常—总是

- 我会和别人有冲突：从不—很少—有时—经常—总是

- 我无法说"不"：从不—很少—有时—经常—总是

- 我认为一个好的倾听者应当能够（识别并列出主要的倾听特质）：_____。

- 我认为一个好的交流者应当能够（识别并列出合适的自我表达的特质）：_____。

14 认可并欢迎情绪

尽可能早地开始教你的孩子觉察他自身的感受。用语言文字把孩子的感受表达出来，认可他们的情绪。当孩子可以说话时，邀请孩子用词语表达自己有怎样的感受。这是孩子发展自我调节情绪的能力、学会不把情绪"付诸行动"的过程中必经的一步。

对年幼的孩子，一张简单的情绪图表会很有帮助。你可以通过打印照片或画出不同的情绪表情来制作你自己的情绪图。询问孩子他们现在是怎样的感受，对他们任何的感受都表示接纳。感受只是感受而已，它们都是可以被接受的。行为则不同。你可能感觉愤怒，但你不是非得要打人或破坏东西……对感受的认可会帮助你控制行为："不论你有怎样的感受都可以，但不可以暴力行事。如果你愤怒，你可以告诉我，但是我不会让你损坏东西或打我。"

随着孩子成长，帮助孩子学习有关感受的词汇，以便让他们可以学习适当地表达自己。显然，这是作为成人的你也应当擅长的方面。如果你不想要孩子将情绪付诸暴力行为，确保你自己不会给出这样的坏榜样。如果孩子出现情绪失控暴发的情况，你可以在合适的时间用语言表达出你的感受："我真的感觉很糟糕。我想要确保这不会再发生了，我们可以谈一谈吗？"

不要忘记这是一个学习过程。这不容易，成人同样挣扎于此。所以确保你能给予孩子注意，并欣赏小的进步，不要期待完美。

你需要知道有关情绪的几点问题：

1. 有人认为有四类基本情绪（喜、悲、怒、恐），也有人加上爱、恶和耻。有很多词汇被用来命名人类丰富多样的情绪体验，但有些体验不容易被归在某个具体的类别里。实际上，对情绪进行分类是人为的，因为情绪不符合理性标准。可能有许多不同的情感体验，但都有一些共同的特征。主要的共同方面是情绪不同于想法或纯粹的生理体验。它们是我们"敏感的天性"的表达。事实上，如果我们想要区分不同类型的情绪体验，那么只有一种区分似乎是真正相关的。某些情绪被体验为"积极"的——这些情绪使我们感到被赋力、快乐、健康和强大，在这样的情况下，我们会感觉到喜悦、爱、自信、热情……然而，另一类情绪被体验为"消极"的——它们使我们感到不舒服、不快乐、无助、痛苦，在这样的情况下，恐惧、愤怒、悲伤、羞耻、失望、沮丧、压力、厌恶等感受都可能出现……前一类是我们与内在资源联结的表达，就像打火机的火焰一样，我们的"情绪体"是稳定而闪亮的。后一类情绪则表达了一种"不稳定"的情绪维度，就像我们吹拂火焰时的状态——它会闪烁不明、摇摆不定。这会导致我们经历许多身心功能失调的症状。

2. 情绪被体验为身体里的感受。我们通过一系列生理信号觉知我们的情绪状态，比如肌肉紧张、沉重、疼痛、心跳加快、出汗、流泪、呼吸变浅、颤抖摇晃，等等。专注在这些感受上，会让我们更好地和自己在一起，和自己内在的现实在一起，从而进行"管理"或"自我调节"。

3. 情绪是我们人类最美好和最珍贵的特征。与机器人不同，它们使我们能够以敏感和创造性的方式体验生活并与外部世界互动。

4. 情绪与我们的思维模式密切相关。我们根据我们看事物的方式和对事物的思考方式来体验情感，这当然包括我们的潜意识信念模式。

5. 我们通过选择自己的所看所思、处理我们面对现实的方式来创造我们的情感体验。当我用我的手去抚摸一只猫或狗的时候，如果它们不理解我的手势是善意的，它们可能会受到惊吓并后退。同样，我们根据自己的认知和反应模式来解释现实，我们的情绪首先在谈论自己。

6. 学习重新回到我们情绪维度的中心，并重新点燃它的火焰的最好方法，就是放下我们头脑中的想法，完全与我们的内心现实以及身体感受在一起。

7. 欢迎感受，把感受识别为身体里的"能量"（情绪能量），这使得我们可以转化我们的内在现实，重新稳定我们的情绪维度。

8. 把我们身体里的感受诉诸语词，这是帮助我们与我们自身同在、欢迎我们内心现实的首要技能。第二个有用的技能包括呼吸进入这些感受，欢迎这些感受进入我们的觉察。这让我们重新联结我们深层的内在资源，去除我们对情绪体验的认同。

9. 当情绪能量被"欢迎"和认可时，情绪就会平静下来并转化，重新回到中心。从而我们可以感觉更好、更轻松，就好像我们放下了一个重担。

10. 当我们忽略、否定或抑制情绪时，我们的情绪能量就会积聚在身体里。我们的生命力总是在推动寻求平衡，这就会让"未解决"的能量寻求通道释放自身。不同的功能失调的症状可能就会伴随出现在这个情绪的波浪起伏中。

11. 当我们只是"敞开"面对情绪能量，既无恐惧也无评判地认可和欢迎情绪时，这些能量就容易被"转化"。反之，忽略或遗漏身体里的感受，只是"思考"情绪，试图理解为什么，试图分析，可能会使情绪进一步不稳定。如果想法和评判被进一步激活，可能会持续滋生情绪体验。

12. 沟通感受比沟通想法和评判要容易。冲突解决要求放下想法，聚焦在感受上，识别感受背后未处理的需要。

识别隐藏的动机和需要

情绪和行为都有其功能，它们给我们提供信号。如果你能弄清楚隐藏的动机或需要，你就可以更好地弄明白如何帮助你的孩子。

不要问孩子"为什么"表现得那样，因为孩子在思维层面没有能力去分析行为。

如果一个孩子总是否认任何自己做错的事情，为了获得自己想要的东西无休无止地谈判，谁的话都不听，施加很大的压力来保证自己的优势，你可以推断这样的孩子内心缺乏安全感。潜在的信息是他很焦虑，强烈地需要得到安慰、认可与支持。

这对父母来说可能是一个挑战，因为孩子们用来获得他们需要的东西的策略往往是错误的，这会导致相反的结果：他们得到更多的愤怒，更多的责骂。他们想要得到爱却得到责备，有时甚至是拒绝。

成熟的父母可以看到这一点，并避免陷入即时情绪反应的陷阱。孩子可能会偷东西、殴打其他孩子、撒谎、情绪不稳定、拒绝吃饭、失眠或在夜间焦虑不安……无论是什么，你都可以通过这些行为表现探索他们所表达的东西。孩子真正的需要是什么？发生了什么事情引发了这种需求？……其他儿童或成人是否可能成为触发因素？环境条件是否可能是一个因素？周围环境是否太热、太冷、太拥挤、太吵闹、太混乱？……孩子的饮食习惯、药物、校园环境、睡眠等方面有无变化？

如果孩子已经有了一个你厌烦的模式，那么用一些时间检查外部问题，可能会帮助你避免过于强烈的反应，避免给你的孩子施加额外的压力。

对于年龄较大的儿童和青少年来说，你可以让他们参与到查找困扰他们的事物的过程中。可以通过提问核查他们的一天是怎么度过的，他们对自己的一天、环境、朋友和活动的感受是怎样的……

每当孩子出现自我怀疑、自责或缺乏自信时，就需要发展内在的安全感、自我价值感和自信心。他们需要在他们的具体价值和能力方面得到适当认可。支持性的态度总是有用的。聚焦于他们可以做什么，而不是他们尚未掌握的东西。如果孩子焦虑，父母应该有信心，让孩子觉得可以依靠。相信孩子，爱孩子，他们将以自己的节奏和时间学习他们需要学习的东西。让他们回归"一切都很好""没有评判"的感觉，相信生活，没有什么可担心的。

你现在感受如何？

"现在请用一个词说出你的身体是怎样的感受？"

邀请圆圈里的每个人用一两个简单的词表达自己的感受，无须其他评论。

对年幼的孩子，可以先给出示范："现在，我感觉开心""我感觉胸口沉重"或"我感觉有些伤心……"

1—2—3　天气预报

在此介绍一个非常简单的表达我们感受的方法，对三岁以上的所有人都适用。

把双手放到我们面前，双手可以有三种不同的手势：

1. 太阳：一只手，五指打开

2. 多云：握紧拳头

3. 下雨：拇指朝下，其他四指弯曲收拢，拇指向下反复
   移动

这样两只手配合给出五种可能性：

1. 太阳—太阳：我感觉很棒，开心

2. 太阳—多云：我感觉不错，正常，有一点儿小云彩

3. 多云—多云：我感觉灰灰的，有点儿沉重，不是太开心

4. 多云—下雨：我感觉伤心，有点儿压抑

5. 下雨—下雨：我感觉糟糕，我想哭

在做出手势之前说："现在用一点儿时间感觉一下内在是什么天气？……现在，把手放到背后，我数到3，所有人同时把两只手举出来。1—2—3天气预报！"

所有人都可以看见其他人是怎样的感受。你可能想邀请那些想要就自己的感受说两句的人简短分享一下。

点评：这个活动可以作为大家在一起的一个常规仪式，在早晨开始或其他任何时间。这让孩子学习觉察自己的感受并表达，却不一定非得用言语。避免理性化，不需要讨论，只是欢

迎感受。不用给建议，只是给予特别的关注。

做一本个人的"感受书"

这一活动针对三至七岁的孩子，与孩子一起制作一本描绘不同情绪的图画书。

让孩子说说照片表达的情绪，他那时是怎样的感受，现在是怎样的感受，当他感觉是这样的时候可以做些什么？……

这可以作为探索"你知道多少种情绪？"（伤心、愤怒、害怕、高兴等）这个问题的很好的支持。

然后进入下一个活动。

情绪：我可以做什么？

1. 画出或展示一张笑脸，问孩子看到了什么，这是什么意思。问孩子：什么样的事情让你开心？你可以做什么让自己感觉开心？

2. 画出或展示一张沮丧的脸并重复这个过程。这是什么？问孩子：什么样的事情让你不开心？当你感觉不开心的时候，你可以做什么？还可以问：当你看到某个人不开心的时候，你可以做什么？

3. 画出或展示一张愤怒的脸。询问这是什么意思，并且问：什么样的事情让你愤怒？在你愤怒的时候，你可以做什么？当你看到某个人愤怒时，你可以做什么？

4. 画出或展示某人感觉受伤的脸。同样的过程，可以问：什么样的事情让你感觉受伤？当你感觉受伤时你可以做什么？当你看到某人感觉受伤时，你可以做些什么？

我的情绪模式

想一件让你感到有压力或担心的事情。

1. 写下以下内容。

当我担心时，我倾向：＿＿＿＿＿＿＿＿＿＿＿＿＿＿＿。

我更希望能够：＿＿＿＿＿＿＿＿＿＿＿＿＿＿＿＿。

2. 在2～4人的小组中分享。

3. 一起制作"选择轮"（见下一章或附录）。

　　1）准备A3大小的纸张和彩笔！

　　2）画一张饼状图，分成5～8个扇形。

　　3）在每个扇形里写下对问题的可能的解决办法（当……我可以做……）并且绘制图形或象征物。

　　　　当再次感觉糟糕时，选择轮可以被用来作为提醒。遇到各种各样的困难时（如迟到，不做作业，问题行为，等等）都可以使用它。

15　家庭关系中的愤怒

在我儿子五至七岁的这段时间里，我很容易因为他傲慢无礼的样子而生气，他那时恰恰会做出我让他做的相反的事情，比如用他的脏手在玻璃门上抹来抹去、把他的鼻屎放到嘴里吃、对他妈妈说讨人厌的话、用手拿食物吃然后在衣服上蹭，等等。当他做这类事情的时候，我会感到忍无可忍，就会严厉地告诫他，有时会粗暴地抓住他，强迫他让行为更加妥当。之后，在我抱怨儿子那令人不可忍受的态度时，我经常感到愧疚。

确实，孩子很擅长按动我们的敏感按钮。愤怒是家庭环境中一种常见的体验，几乎是不可避免的。我们的孩子可能会有愚蠢的想法并造成破坏，这需要我们付出相当大的努力来修复。他们可能不合作，不愿承担任何责任，傲慢自大……有时我们甚至可能觉得无法再忍受他们了。

但我们自己也不完美。我们发现自己处于支配地位并大量地利用这一点，让我们的孩子配合我们的节奏，忽视了他们的感受。愤怒通常是孩子表达沮丧或焦虑的唯一方式。

事实上，无论在哪里，只要有人在，就可能出现冲突。人们很容易触碰到各自敏感的神经。即使人们彼此关爱，共同生活也具有挑战性。它需要高水平的情商。在大多数情况下，愤怒表达了我们无法以成熟和尊重的方式进行沟通。这就是为什么说家庭是个人成长发展的好地方，"共同生活"就意味着"共同成长"。

同时，愤怒对成人和儿童都是"有毒"的，无论它是否合理，都会留下内疚的痕迹，同时损害个人形象。父母对孩子的愤怒让孩子有同样的感觉：内疚和自我价值感的丧失。

那么有什么解决方案?

使用"我"字句陈述

首先，我们可以学习谈论我们自己，使用"我"字句陈述，而不是聚焦在孩子的态度上。用"我"字句陈述为我们提供了真实面对孩子的机会，我们谈论自己的感受和需要，而不是去谈孩子。我们不是说："不要推我、踢我！"你会想要说："我真的不喜欢你那样推我、打我！这样让我感觉到疼，我也不理解你想要什么……"我们不说："我告诉过你准时回来！我绝不能再信任你！"你会想要说："我很害怕你发生什么事情！"

使用"我"来陈述就是用最可能的客观的方式，告诉孩子他的行为是怎么影响到我们的。这相对较少面质。这对孩子以及任何人而言，比起承认做错事，他们更容易认可我们的感受。任何指责都会引发辩解：我们会立即陷入冲突中。"我"字句陈述邀请对方认可我们的感受、觉察我们的需要。

不过，也许难以丝毫不提引发我们感受的源头情境。所以我们可能会倾向于说"当你……时，我感到……"。在这种情况下，我们可以使用"明确的信息"策略，我们会在下一节中详细展开说明。简而言之，这是邀请孩子或任何其他我们感觉有冲突的人，明确地认可我们的感受和需要，同时也认可他们自身的感受和需要。相互认可设定了一个充分给予尊重的协商基础：我想要这个，你也想要这个，我们要怎么样可以让彼此都感觉被尊重？这正是一个设定清晰协议的机会。

当"我"字句陈述被忽略时

孩子在他们不想听的时候会擅于忽略信息。在这种情况下，我们的"我"字句陈述甚至可以更强烈地被强调，以示这个情境真的触动到我们，我们必须严肃对待："我想要告诉你我有着怎样的感受。请你待在这里，当我和你说话的时候，看着我。你这样走开，好像不想听我说，我感觉非常糟糕，我感觉不被尊重。这是痛苦和令人失望的。你能听到这些吗？"

父母的"我"字句的目的，理想而言旨在邀请孩子修正其行为，但是，这当然并不总是有效。

当孩子以"我"字句回应父母的"我"字句时

孩子可能并没有准备好改变行为。他们经常用"我"字句来为自己辩护："是的，但是我想要这个……那个……"他们可以很好地表达自己的感受，他们想要什么或不想要什么。

在这种情况下，父母可以转换到"主动倾听"模式来提问：

– 你观察到这里究竟发生了什么？（帮助识别问题。）

– 你认为可以怎样帮助解决这个问题？

– 你计划做些什么？

– 我们可以在这里达成一个清晰的约定吗？

倾听不是为了识别和确定孩子的愿望，而是一个澄清和满足每个人需求的机会——不仅仅是孩子的需求。这是一个提高认识，澄清协议和谈判所有人都能接受的协议的机会。我们可能需要一些时间以不同的视角解释事物的成因，告诉孩子他并非孤单一人，其他人也有自己的需求。当然，我们自己需要记住，孩子也有正当的需求，清楚地认识它们会很有帮助。

要记住的主要事情是，愤怒和冲突不能通过纯粹的权威、压制或严厉的惩罚来解决。这种策略不起作用，不是导致孩子的顺从，就是导致反抗。这些都不会带来理想的教育成果。顺从的孩子往往会依赖，没有什么创造力和主动性。叛逆的孩子可能会压制他的愤怒，也许会导致孩子形成破坏性的暴力模式。

当一个孩子拒绝改变他的行为时，很多时候他都明白这是不合适的。家长必须要有足够的耐心和坚定的信心，继续进行适当地沟通，认识到存在的问题并邀请孩子运用适当的冲突解决策略。我们将在下一节中进一步研究这个主题。

"禅角落"——一个静下来的地方

从愤怒的感受中冷静下来的最好的方式，就是停下来和我们自己重新联结。因而，我们必须要能够从导致愤怒的情境中抽离，这是一个非常有帮助的学习过程。

为了促进"回归中心"，我们可以提供一个特殊区域，让孩子可以在这个地方改变想法、放松、呼吸、听音乐、看鱼儿在鱼缸里游，看绘本或做其他任何可以帮助他安静下来的事情。我们把这个区域叫作"禅角落"，一个专门用来回归平静的区域。这个区域可以安排在孩子的卧室，但是焦点不应该是把孩子"排斥在外"。"禅角落"也可以是在客厅指定的一个区域。

一旦平静并重新聚焦，我们就可以恢复更具建设性的对话。

一个有用的工具："选择轮"

选择轮是这样一个工具：对反复发生的问题情境提供解决方案。选择轮提醒我们存在不同的解决办法。在这个饼状图上划分出你需要的多面扇形，在每面扇形上写上这个解决办法的一个关键词，画上一个简单的图形（一个象征图形或标志）。

任何人都可以在需要解决方案时使用选择轮。可以根据不同的需求制作选择轮。这很简单，应该和孩子一起做。首先从头脑风暴中寻找可能的解决方案：

– 你还能做哪些比困在愤怒里更好的事情？

完成选择轮后，可以把它挂在墙上或过塑后放置在方便的地方，需要提醒自己或孩子使用不同替代选项的时候，就可以把它拿出来。

其他处理强烈情绪的方法

·表现"接纳"：告诉孩子生气是没问题的，帮助他找到应对挫败的合适方式。

·命名情绪，把感受用词语说出来。

·放下思考和谈话。

·识别此时此地身体的感觉：感受究竟在哪里？

·在感受中呼吸，欢迎感受。

·敲打身体的某些部位，让能量流动恢复平衡。

·给予拥抱，联结他人，抚触（当对方准备好并愿意接受时）。

· 使用"魔法词"。

· 走路、移动、变换位置、做些别的事情。

· 听音乐，唱歌，等等。

· 其他任何对你来说有用的方法。

我的愤怒工作单

识别某件反复让我感到沮丧、容易让我感觉愤怒的事情。

你倾向怎么思考、感受、反应？

你更愿意如何应对这种情况？（是否有更好的选择，更好的解决问题并避免陷入冲突的方法，请具体说明。）

制作选择轮（见附录2，活动序号23）

选择5～7个最好的选项。画一个圆圈，并将其分成5～7个扇形。在每个扇形里画上小的象征物或贴上一个形象，写上关键词。每个扇形代表一个解决办法。

16　冲突解决策略

当人们意见不一致时，就可能发生冲突。这时大家的嗓音可能会提高，随之而来的可能有强烈的情绪、暴力的言行。如果冲突不能解决，则可能会持续相当长一段时间。

解决冲突的第一个要求是能够让你们意识到你们有分歧，并且可能有更好的事情要做，而不是互相打架和伤害。当双方意识到还有其他选择时，他们可以开始寻找解决方案。最重要的一步已经完成："让我们停止战斗并开始应用冲突解决策略！"

对于孩子来说，这个过程是相似的，即使孩子们可能需要学习自我控制和适当沟通的基础知识。这正是我们想要做的。基本上，解决冲突是为了认识到并制止存在的问题。这是关于改变态度及认可彼此的感受和要求的。这是关于走出愤怒和压力，并开始以尊重的方式相互关联的，以便每个人都能理解正在发生的事情，并就某种解决方案达成一致。这可以成为一种自动出现的良好整合态度。不过，我们要能够确定在发展该技能时有用的具体步骤。

冲突解决流程

1.第一步是"停止"："好的，我们在这里有分歧。我们怎样才能以更具建设性的方式处理分歧呢？"不管怎样，你们需要同意停下来并寻找解决办法。这可能是隐性的，只是通过关注彼此而开始认可双方的感受和需求。

2.你们可能就沟通规则想要达成一致，从而使得沟通可以顺畅。这包括：

- 让我们轮流说话而不要打断彼此。

- 让我们使用"我"字句陈述，只是表达我们自己，澄清我们的感受、需要和要求。

- 在表述我们的要求时把它作为一个开放的"邀请"或提议，而不带任何压力。我们要去看如何协商双赢的策略。

- 让我们远离所有的评判、指责和批评。

　　– 让我们明确认可彼此的感受、需要和要求，如"我听到你感觉到……""我听到你的需要、你的要求"。

3.开始沟通，尊重这些规则。这意味着你们轮流表达各自的感受、需要和要求。

4.寻求双赢的解决办法。这意味着列出所有可能的选项，去除对双方或所有参与方不可接受的选项，选择最能接受的方案。

5.一旦找到最能够接受的解决方案，达成清晰的协议，每个人都承诺接纳并应用协议，具体化需要采用的具体实操步骤。

6.当这些都做到以后，花一些时间表达对彼此的欣赏，感谢大家可以一起经历这样一个过程。

7.最终，当协议被实施时，核查协议是否有用。如果任何人对协议感觉不满，确保有时间可以修改并调适协议，以达成双赢。

　　这个冲突解决程序是每个人都应当熟悉的。这一套基本的技能在所有情境中都适用，不论是在家庭中还是在工作中，不论是朋友之间还是国家之间……如果你发现自己正在见证一个冲突，但并不是直接身处其中，你就可以在这个冲突中作为调停者运用这个方法。调停者并不直接参与沟通具体事件或寻求解决办法。调停者只是在那里邀请冲突方进入这些不同的步骤，帮助他们形成沟通规则并确保大家在沟通时彼此尊重，听到并认可彼此的感受和需求。

你一样可以和孩子练习这些。演示这些技能，让他们熟悉这些流程，当他们和朋友有冲突时即可加以运用。随着练习次数的增多，这种能力会变得容易和自然。

"明确的信息"方法

有关这个冲突解决流程更加简化的版本可以教给幼儿园年龄以上的孩子。这里的目的是训练孩子解决他们和玩伴或同学之间的冲突，而不需要成人干预。基本的原则依然是停止争斗，认可彼此的感受。一旦他们做了这些，他们就可以开始找到更好的解决方案甚至是双赢的方法。

我们可以这样来教孩子：每个人轮流说发生了什么，他们是怎样的感受，然后询问另一方是否能够理解（真正的意思是指"认可"，但是我们对孩子不用这个词）。

让我们想象两个孩子A和B。他们在争抢一个玩具，A从B手中抢过球，B在大叫。父母或其他教育者展示给他们看如何用"明确的信息"这一流程。

- A 开始：

　　　1 – 陈述事实：当你……（玩我的玩具）

　　　2 – 陈述感受：我感到……（不开心）

　　　3 – 寻求认可：你可以理解吗？

- B 然后回答：

　　　1 – 当我……（玩你的玩具时）

　　　2 – 你感到……（糟糕）

　　　3 – 我可以理解。

- B可以表达自己的观点（是，但是……）：

　　　1 – 当你……（从我的手里抢走玩具时）

　　　2 – 我感到……（非常愤怒）

　　　3 – 你可以理解吗？

- 然后A回应道：

　　　1 – 当我……（从你的手里抢走玩具时）

　　　2 – 你感到……（愤怒）

　　　3 – 我可以理解。

　　当孩子们可以对彼此如此表达时，他们可能到达了这样一个阶段，即他们能够比较容易地找到一个更好的替代办法，而不是彼此争抢叫嚷。那么对他们而言的问题是：我们还可以做些什么？

孩子们将迅速发展自己的谈判能力，学会如何让双方都满意。这当然是一个学习过程。应该反复向他们演示，他们会逐渐掌握这种方法。有些人比其他人快，当较慢的人看到更聪明的人执行并制定出"明确的信息"程序时，将加快他们的学习过程。

青少年的"明确的信息"

青少年一旦熟悉冲突解决的流程，你可以邀请他们加上关于他们的需要或请求的表达，"明确的信息"就变成：

1 –	当你（说/做）……	观察，事实
2 –	我感到……	我的感受
3 –	因为我需要……	我的需要
4 –	所以，可以请你……	我的要求（一个积极开放的问题）
5 –	你可以理解吗？	邀请认可

另一方从而可以回应：

1 – 当我……（做了这个或那个……）

2 – 你感到……

3 – 你想要……

4 – 我理解。

成人的"明确的信息"

"明确的信息"是两两之间的策略，这意味着孩子在没有成人的干预下，由他们自己解决冲突。这个流程可以用来作为同伴调停的指南。

当父母和孩子之间发生冲突时——这是经常会发生的事情，父母同样可以使用这个策略，但是应以相反的方式：父母应当从认可孩子的感受和要求开始，之后再要求孩子认可父母的感受和要求。也就是这样：

1 – 当我……（对你说"不"时）　　　观察，事实

2 – 你感到……（愤怒）　　　　　　孩子的感受

3 – 我可以理解!　　　　　　　　　认可

但是

4 - 当你……（开始侮辱我）   观察，事实

5 - 我感到……（不开心）   成人的感受

6 - 你可以理解吗？   核对认可

所以，我们打算怎么做？我们可以有更好的主意吗？

　　对此进行练习是教孩子学习情绪自我调节、负责任以及冲突解决的一个很棒的方式。这是对"明确的信息"这一流程完美的引介。这演示了成熟和负责的态度，他们将会及时地内化和再现。

回想一个冲突情境

1 – 什么导致了冲突?

2 – 你的态度是什么?

3 – 对方的态度是什么（事实性观察）?

4 – 你对这件事有何感觉?

5 – 你计划怎么做以避免这样的事情再次发生?

6 – 你认为你可以提供怎样的修复弥补（任何人感觉被冒
　　犯或不高兴）?

7 – 有任何其他解决办法吗?

分享。

你和孩子之间的一个反复性的挑战

书写：

1 – 什么导致这个问题？

2 – 这个问题在什么时候不发生？差别在什么地方？

3 – 你认为可以怎样优化？

解决方案是什么？做一个更好的选项列表。

在育儿团体中分享，并从他人那里收集经验：他们是怎么做的？

17 不要对挑衅行为过度反应

家庭情境回放

"小米，请坐好。回到餐桌旁……小米，你听到我
说吗？当我和你说话时，请看着我……你知道我们的约定
吗？我告诉过你很多次，当你吃饭时你要坐好直到你吃
完……你听到了吗？……"

小米不看我，装聋作哑。我不得不过去，用手把他拉
回餐桌旁，让他把饭吃完。他大笑，把这当作某种有趣的
游戏。但我是非常严肃的。

有一次，他满嘴食物，几乎说不出话来，却突然大
笑，把食物喷了一地。我发怒了："够了！要不然你好好

吃饭，要不然你出去，你的吃饭时间结束了。清楚了吗？这是我最后一次提醒你，明白吗？"

这是一个反复发生的情境。有时我提高嗓门就足以让他端正态度。但有时这不足够，我不得不用力抓住他的胳膊，把他推出餐厅。然后他站在门后哭。过了一段时间，我会再次开门，问他是否准备好回到餐桌，好好吃饭。如果他回答是的，我会拉着他的手（身体重新联结！），把他带回他的位置。这个方法通常就像一个冷水浴一样，把这个男孩带回一个更安静的状态。

年幼的孩子非常自然地倾向于试探他们的父母，看看在抵达底线之前可以走多远。随着年龄的增长，有些孩子会表现出粗心、漠不关心、粗鲁、蔑视甚至是进行身体上的攻击。如果在较年幼的时候没有明确规定界限，或者家庭环境过于宽松，过于放纵，则更有可能出现这种情况。但是还有许多其他原因，我们需要了解可能的潜在需求。

不恰当的行为既可能是出于无知，即只是出于无意识，也可能是挑衅性的。无论哪种方式，请确保你不要反应过度，那将是徒劳的。愤怒和严厉的惩罚可能会产生与你真正想要的相反的效果，要不断提醒自己你真正想要的是：感受到尊重并拥有更加和谐的家庭。

如果孩子的行为是无辜的，他无意做错或取笑父母，那么父母只需花一些时间提供必要的信息，说明为什么这是不合适的。儿童往往不知道他们行为的后果，有必要邀请他们提高认识。解决这个问题的最佳方法是再一次质疑他们，这样他们就可以自己思考：

· 你究竟做了什么？

· 你认为这会产生什么后果？

· 你知道你最好怎么做吗？

另一方面，当孩子的行为具有挑衅性时，你可能也想问：为什么孩子以这种方式寻求关注？他可能需要试探你的底线。孩子有时正是想要做那些激发你跳着扑向他们的事情。这既是在试探他们自己的力量，也是在试探你设立清晰界限的能力。在他们试探时，要确保他们发现你设立的边界坚定而清晰。

但是他们也许需要探索他们自己的力量并找到乐趣，或许这会让成人感到无力或尴尬。

你能够做的最好的事情，正是认可，非常安静地看着他们的眼睛："我看到你需要一些关注！我看到你喜欢逗你的父母。我看到你乐于让我感到糟心……"

也许你可以说："嗯，是的，我感觉糟糕。你得到你想要的了……所以现在你可以选择做些别的事情了……"

你也可以选择忽略那个行为，这可能去除了那个有趣的部分。有时更好的做法是忽略那些寻求关注的行为，这可能会让孩子感到无趣。有时候，只要没有人受伤或事情没有失去控制，最好忽略呜咽、喋喋不休和发脾气等引人注意的行为。

然而，绝对不能忽视孩子对他人的言语或身体虐待。这要求成人有明确的立场，要明确地说"不"。在任何你需要提醒孩子存在某些适当的界限时，以坚定明确的方式说"不"。这可能正是孩子需要听到的。

相反，在任何你能够的时候，给予孩子"适宜"的行为以关注和评论，和孩子度过一些一对一的时间。如果我们可以给孩子适当的关心和关注，我们不想要的行为可能就会慢慢减少。

在任何情况下，避免给孩子贴上标签，避免把他视作非常困难的存在。你的担心、你的评判将成为他的负担。始终相信这只是一个学习过程，成熟将会到来，无论他选择做什么，他的人生都会成功。

说谎和偷窃

如果你的孩子撒谎，请别担心。对于处于弱势地位的人来说，否认做错是一种非常正常的行为。在走投无路时，即使孩子已经十几岁了，也可能会撒谎。如果你看到孩子做了错事，就告诉他你看到发生了什么。当他说他没有做或没有做错任何事时，不要感到惊讶，直接无视好了。无需对这种行为做出反应。如果你只是说：我信任你，我总是希望你告诉我真相，那么这种情况就会消失。

这让我想起了我的一个女儿，她十四岁时就曾为了可以做她想做的事向我撒谎。她不是和她的好朋友一起住一晚，而是和一些朋友一起去参加舞会直到凌晨。当然，如果我事先知道绝对不会让她去。她知道这一点，并选择对我隐瞒真相。我记得我清楚地意识到这是因为她害怕得不到她想要的自由。我不能责怪她。我认为这取决于我是否能创造一种充分信任的氛围，以便她能够自由地谈论她的计划和意图。重要的是，我可以告诉她："在你这个年纪，你必须知道我不是在这里指挥你、告诉你该做什么。我提出我的意见，但是你来做出选择，并承担起选择的后果。你创造自己的现实，你对自己的生活承担责任。"

她自此变成非常值得信赖和负责任的人。

这种经历也让我清楚地认识到，信任不是给予按照我们的期望行事的人的东西，它是一种放手的状态，是要有能力告诉某人：无论你选择做什么，它都将是你的选择、你的经历、你的生活、你的学习，我相信你的选择将适合你，无论它是什么。

信任是我们欠孩子的重要礼物。

一个年幼的孩子也可能从商店偷走一些小物件。他的意图可能不是做任何错事，而是拿了他想要的恰好又可以抓到的东西。你可以告诉孩子这不合适，我们需要尊重他人和他们的财物。你也可以说："当你想要什么时告诉我。如果你真的需要它，我可能会为你买。"

个人探索：

– 你会怎样处理这一节中提到的情境？

– 你的孩子有骗过你吗？

– 你的态度是什么？

– 这样的态度得到想要的结果了吗？

– 你能够想象什么更好的态度？

– 你和你的伴侣就这些事情是否达成一致？

　　– 你观察在你的孩子身上有怎样不当、危险、挑衅或破坏性的行为？举例说明。

　　– 你通常是怎样处理这些态度的？

　　– 结果令人满意吗？孩子有学到一些东西吗？

　　– 你还可以怎么做？

　　与你的伴侣和小组分享，比较并从彼此的回答中学习。

18　惩罚无须羞辱

很多人相信惩罚在教育中是必要的，孩子只有在被清晰告知孰是孰非时才能有所学习。还有人说，对于那些很有自己主意的孩子，唯一能够让他们听话的方法是体罚或让他们经历一些痛苦，这样才能让他们不想再犯错误。

不过每个人都会同意，惩罚真正的目的是获得孩子更好、更合作、更积极的态度。惩罚对达到这个目标有帮助吗？

纠正之前，创立联结！

最近有人告诉我，他对在学校不断遇到麻烦的儿子感到气馁。老师使用彩色卡片系统（"绿色=好""橙色=可接受""红色=坏"）评估孩子的行为表现，每次男孩"行为不端",他都会从学校带回一张红牌。那时父母也应该在家惩罚他。

当然,彩色卡片是一种相当老式的评价体系。除了孩子在学校已经经历的羞辱之外,教师还鼓励父母在家中增加责备与惩罚。该体系依赖于一种根深蒂固的信念,即惩罚和奖励是激励好行为的最佳方式。它有效吗?不。

惩罚至多只提供一种"外部"驱动,一种旨在避免负面后果的恐惧。一旦威胁消失,积极态度也可能消失。此外,权威性惩罚带来许多负面后果,这些已经有过研究和证明:

- 感到内疚和羞耻。
- 情绪不稳定,如焦虑、愤怒、过度反应。
- 自我形象受损,缺乏自信,负面信念模式(我不配,我没有能力……)。
- 复制内化的模式和类似行为模式的趋势。
- 将暴力视为正常的生活方式。
- 最终得到一个更加暴力的社会。

我们真正想要的是培养积极主动、负责任和自主的孩子。我们希望他们自发地表现良好。我们期望他们发展"自律"。

显然，自律依赖于"内在"动机。

那么，内在动机是什么？答案众所周知：我们需要使用"正强化"以及自我设定的目标。在鼓励合适的态度的同时，我们需要找到更积极的方法来帮助孩子远离不适当的态度。任何可以将"行为不端的欲望"转变为"表现得恰当的愿望"的方式方法都可以拿来探索。找到让孩子与你、与他自己，带着渴望和热情重新联结在一起的方法。提供奖励，提供选择，帮助确定目标，设置并重置明确的协议。

如果孩子没有达到你的期望或不尊重协议，请花点时间和他们谈谈并识别孩子的动机和感受。虽然你也可以分享你的感受，但也要承认他们的挑战或他们的失望。对他们的挫败感表示理解，并不断邀请他们提出解决方案和明确的协议。提供替代办法，帮助分析难度：是什么阻碍了他们，怎样可以更容易？

如果确实存在不适当或不尊重的态度问题，请提供以问题解决为导向的惩罚：询问他们如何"修复"已造成的伤害，就对执行有帮助的活动达成协议，执行孩子必须执行的任务作为补偿。询问孩子你能做些什么来帮助他们遵守承诺。如果答案是"我不知道"，请继续坚持：想象一个理想的情况，那会有什么不同？你会有其他做法吗？我怎样做会对你有帮助？……

在任何情况下，都要避免令人气馁的训诫、责备和羞辱。

通过专注于解决方案而不是问题，你可以让孩子的行为更具建设性。必须要相互尊重，这只能通过恰当的沟通来实现。必须要去滋养心灵的联结，成为一个充满爱心和关怀的教练而不是专制的权威。

这些语句是可以帮助制定纪律的更积极的方法：

- 我看到你非常沮丧，是这样吗？
- 你更想要……，对吗？
- 我知道这对你来说不容易。
- 你的意思是……？
- 我对此真的感到……
- 我的愿望（需要）是……
- 你究竟想要什么？
- 我听到你想要……
- 问题是……
- 你要的是……而我要的是……
- 那我们要怎样解决呢？我们要做什么可以让我们彼此都感到满意呢？
- 你认为我可以怎样帮助你？

制定替代惩罚的其他策略

– 检查并重新考虑孩子的空间和日程安排：

· 空间是否满足他们的需求？

· 他们是否有足够的时间玩耍，有足够的非结构化的时间
自由地活动？

· 他们有足够的所需要的东西来表达自己吗？

· 他们有足够的活动吗？

· 他们有足够的智力刺激吗？

· 他们的饮食习惯健康吗？

· 他们独处的时间太多或没有父母陪伴吗？

· 他们在屏幕上花了太多时间吗？

– 认识到孩子对某事的坚持或拒绝可能是在表达真正的
需要。

· "孩子通过这种行为告诉我什么？"这是你应该问自己
的问题。

– 优先欢迎他们的情绪。

· "如果你生气，告诉我你的感受。你可以用语言告诉
我，而不是通过激进的手势或动作。我绝对不会让你打

人，不论是我，还是别人，都不可以。"

– 确保自己能够理解规则和协议。

· 你知道我为什么问你这个吗？

– 制定肯定的规则：做什么而非不做什么。

· "在乘电梯前等我"，而不是"绝对不要单独乘电梯！"

– 与孩子交谈就像和一个伙伴交谈一样，共同寻找解决
方案。

· 为了让我们双方都快乐，我们能找到什么样的解决方案？

– 提供选择。

· 你喜欢在晚餐之前还是之后完成这项工作？

– 教孩子修复错误。

· 在这里，拿一块海绵，把它擦干净。

· 如果你能帮我清理你制造的这些脏乱，我会感谢的。

· 在你打玛丽的时候她受了伤，你能做些什么来补救？

– 使用"我"字句陈述，表达你的感受而不是责备孩子。

· 当……时我感到很难过。

· 当你在墙上写字时，我感到非常生气。你有很多用于写
字和画画的纸张。

– 表达你的要求和期望。

· 我想问你：拜托你……好吗？

·在说"是"之前，我想确保你会……

− 向他们保证你的爱：我仍然爱你，让我们一起做点什么……

− 提供"休息时间"，沉默片刻，回到安静状态。

− 对于年龄更大的孩子，应该等他情绪平复后，选择适当的时间来讨论事情。告诉他："当你准备好了，请告诉我。"

− 对于很小的孩子，可以触摸他们的身体，建立身体接触以表达联结和存在感。

− 让孩子们使用不同的方式表达自己，说出他们的感受。使用情绪温度板、情绪状态贴纸、愤怒盒等。

− 将注意力转向其他方面。

− 使用成长型思维肯定孩子。

·错误有助于我们学习和成长。

·我们努力进步，而不是追求完美。

·练习会让我们变得更好。

·我们从错误中学习。

− 展示自己适当的态度。

− 使用魔法词：对不起、谢谢你、没关系、我爱你……

　　你在孩子的纪律和惩罚方面的经验是什么？你是如何处理孩子的不良行为的？效果如何？

　　你的孩子看起来是相当负责任和自律的吗？

　　你在处理这方面问题时有什么可以改进的？你打算改变什么以及如何改变？

　　在育儿小组中分享和讨论。

19　把错误转变为学习机会

有可能不犯错就可以学习某些新东西吗？

不可能！学习过程包括了发展新技能。当你学习走路、滑雪、轮滑、骑车等技能时，是难以避免摔跤的。每一次摔倒都给你机会获得不应该如何做的洞见，这就是使你学得更好的方法。

事实上，从来就没有失败，只有"经历"。失败这个概念是对经历的解读，是一种评判，是在说"这是一个坏的经历"。但是我们可以以一种不同的方式来看待事情：每一种经历都该如其所是。总会有一种方式可以帮助我们前进。

重构学习过程中的失败，有赖于一个简单的问题："你可以从这个经历中学到什么？"

对一个教育者而言，要持续地聚焦在学习这个过程上，多问："你从中学到什么？"这也包括以身示范："我从中学到什么？"

不是告知你的孩子，而是提问，这也是一个学习过程。当然，不要表达任何评判或愤怒。

当孩子带着低分考卷从学校回来时，要对孩子表达理解，认可其感受。表明真正重要的不是分数，而是个体承担挑战的能力和培养进步的愿望。聚焦于孩子的才能，擅长的方面。在适当的时候，核查他从经历中学到什么。他可以有什么不同的做法？他的意愿是什么？他可以采取哪些实际措施？他计划什么时候开始？

不论答案是怎样的，提供支持。

1.用一点儿时间回想并写出自己曾有的一次失败经历，或
　曾犯过的错误或后悔的某件事。

　－ 那是在什么时候，发生了什么，你是怎么想的，有怎
　　 样的感受？

　－ 现在请想一想这个经历让你学到了什么？你依然可能
　　 可以从中学习到什么？

　－ 如果有任何人感觉受伤或依然因此有负面感受，你可
　　 能可以做些什么来弥补和修复？

2.两两配对，轮流分享：

　－ 你失败的经历。

　－ 你从中学到什么。

　－ 倾听的一方应当不干预、不评论、不建议，只是被
　　 动、支持性地倾听。

3.在育儿团体中分享你对这个活动的感受和洞见。

20 滋养积极思维和"成长型思维"

美国心理学家卡罗尔·德韦克（Carol Dweck）的《终身成长：重新定义成功的思维模式》一书，使得成长型思维的概念开始流行。她在书中探讨了固定型和成长型思维的概念，表明具有成长型思维的人在他们的生活中更可能成功。

固定型思维意味着你认为智力是从出生时就固定了东西：你不是聪明，就是愚蠢；你的智商要么高要么低。不管是怎样的，都不会有什么变化。这种信念导致避免挑战的愿望。如果太困难，最好就不要做！反正我也做不了。在这种模式中，你会想要避免陷入失败的境地，你会想要看上去足够聪明，以免丢脸。你倾向于容易放弃，认为"努力"没有意义。他人的成功甚至让你感到被威胁，因为你觉得不能与他们的能力匹配。

反之，拥有成长型思维，则意味着你认为智力是某种可以成长的东西。把大脑视作像肌肉一样一直在发展的东西，创立新的联结，学习新的能力，你自发地认为滋养大脑发育和新技能的最好方式，是拥抱挑战，寻求创造性的解决办法。拥有成长型思维的人，想要去学习。面对障碍时，你会倾向于坚持，把努力视为征服的常规路径。你从别人的批评和他人的成功中学习，会去看他们是怎么做的。

这就是孩子出生的方式。他们观察和模仿，他们尝试并开发他们的大脑……如果我们能够适当地支持和鼓励他们，他们会自然而然地保持这种心态。

如何培养孩子的成长型思维？

我们如何对孩子说话，会对孩子的心态发展有巨大的影响。"错误的表扬会适得其反，正确的表扬会激发学生的学习动机"，卡罗尔·德韦克说。

正确地赞扬你的孩子

首先，赞扬你的孩子如何处理任务而不是他们做得有多好。不要说"你很擅长这件事"，而是说"你在这方面做得很努力"。

强调努力

认可他们的努力以及他们选择的方法，这会让孩子认为，只要跟随他们的愿望去努力，就可以达成目标。帮助你的孩子看到行动和结果之间的联结，而非只是去表扬结果。强化学习的体验，帮助他们看到他们犯下的错误是他们进一步提高和学习的机会。

鼓励挑战

不要让"刻板印象"局限了孩子的认知信念模式，从而阻碍他们去探索新的道路，承担新的挑战。"如果我们在家里没有这些能力，你将来也不会有这些能力"或者"我们不是科学家，所以我们没法给到你需要的支持"，这类表述都会阻碍孩子发展"成长型思维"，会让孩子陷入固定型思维中。反之，应当让孩子去迎接新的挑战，用努力和经历去克服挑战。

先为自己创造一种成长型思维

实践你所宣扬的内容，并为自己创造一种成长型思维，避免固定型思维对你的局限和阻碍。让你的孩子或学生看到你在不断改进，而不是陷入困境。你的心态在思维头脑中会显现放大，所以，注意你的想法。

鼓励孩子去探索和发展

在教室或家中教授成长型思维时，鼓励孩子努力去达成他们自己的目标，提高自己的智力，或者获得新的"才能"。让他们了解他们所知道的或擅长的并不是一成不变的，他们可以不断地进步，他们能够通过努力获得更好的结果。

向孩子展示如何进行成长型思考

当孩子说"我做不出来，这太难了"或"我不擅长这个"时，我们需要教孩子不一样的思考方式，表达聚焦于改善和学习的想法。比如"我做不出来"可以变成"这看起来有意思，让我看看要怎么样做"。

鼓励提问、探询，开放地面对挑战和困难。向孩子们不断地传递这样的理念：他们可以控制自己的智能、才能并获得最终的成功。

成长型思维如是说

- 错误帮助我学习和成长。
- 我只是还没弄明白而已。
- 我在正确的道路上。

- 这可能需要些时间和努力，但我可以做到。

- 我坚持，我不轻易放弃。

- 我为进步而努力，不是为完美而努力。

- 当变得艰难的时候，我为自己加油打气。

- 我是一个问题解决者。

- 我尝试新事物。

- 学习是我的超能力。

- 我热爱拥抱新挑战。

- 我通过拥抱新挑战增进我的智力。

- 通过练习我可以变得更好。

- 我尝试探索新的策略。

- 当我不能立即成功时，我继续寻找更好的方式。

- 在我需要时，我会寻求帮助。

- 我从错误中学习。

- 我聚焦于自己的进步，我不需要和其他人比。

- 每个人都是不同的，都要以自己的节奏走自己的路。

- 我生而为学。

- 如果我失败了，我会再次努力直到成功。

- 我对自己的聪明才智负责，因为我通过接受新的挑战
  来发展自己的大脑。

培养成长型思维的活动

培养成长型思维最好的活动，是"自我定向"活动，儿童自然地设定他们自己的挑战，寻找解决的办法。因而，给予儿童一些非结构化的时间就显得极为关键，在环境中放置一些大大小小不同种类的材料，让他们可以使用去做任何自己想做的事情，这可能会让他们进入需要灵活思考和创造性的活动中，他们可以建立自己的游戏空间，通过玩耍去解决问题。

修修补补这样的搭建游戏（找出如何解决问题，如何用零散的碎片建造或重建事物的方法）可能是促进成长型思维的最佳活动之一。孩子们可以制作自己的作品，测试什么有效，什么无效，克服障碍并找到解决方法。修补匠天生就是灵活的，当面临"工程挑战"或仅仅是玩建筑玩具时，即使那些更为"固定"的孩子也可以打开并探索。

棋盘游戏（象棋或类似游戏）或纸牌游戏也很出色。除了寻找制胜法则的挑战之外，这些游戏还教孩子们在失败面前保有风度，不会受到他人成功的威胁，而是寻求解决方案并学习如何做得更好。

开放式的艺术或手工（没有预先设定的结果，非"引导")减轻了制造"完美"结果的压力，使孩子们可以按照自己喜欢的方式进行创作和实验。

书籍可以扩展孩子们的想象力，并将他们介绍给不怕挑战或经历重重困难而获得成功的人。你也可以通过为青少年提供良好的书写工具和文具，来鼓励他们记日记。喜欢写作的孩子通常是富有创造力和灵活性的思考者。

最后，别忘了另一种对孩子真正有益的"活动"，因为我们常常匆匆忙忙地加快工作速度而忽略此项活动：在家里帮忙。仅仅通过观察和帮助成年人进行日常工作，就能使孩子有机会学习很多新技能。

关于赞美的提醒

当你试图"带领"孩子们进行培养成长型思维的活动时，非常重要的是要保持沉默，避免"评价"孩子们的行为，除非它们对孩子、他人或你的财产有害。儿童应该在自己的工作和成果中找到动力和满足感，而无须依靠他人为他们提供"积极的反馈"。如果你想提供某种反馈，请称赞努力而不是结果。将注意力从结果转移到努力上，确实是最好的培养孩子成长型思维的方法。在这一点上请尽可能地始终如一、一以贯之。

三

与孩子一起成长

21 传递善意，展示社会同理心

记得我的孩子小米一岁半左右还不能流利说话时，我们驾车经过一个欧洲小镇。他坐在后排的婴儿椅上，透过车窗看着外面。我们在红绿灯前停下，一个贫穷的中年女人走过来乞讨，她的手伸过来要钱。我没有太注意她，因为交通灯变绿，我不得不开车离开，把那个女人留在身后。小米看着她，突然之间开始大声哭起来。大颗的眼泪从他的脸颊流下，我们都在想发生了什么。他尽力用个别词语表达，我们都很惊讶，他不仅捕捉到那个女人的需要和感受，而且敏感地做出反应。

孩子生来就有善良、同情、慷慨这样的品质。父母需要认可并滋养这些心灵特质，提供表达这些特质的机会并予以欣赏。显然，我们在这方面给他们展示的榜样将会带来强烈的影响。

这里提供一些有帮助的活动。

交朋友

从六岁开始，你就可以和孩子一起探索以下问题：

– 什么是友谊？你如何描述友谊？

– 你想到的与友谊有关的感受的词语有哪些？

– 谁是你最好的朋友？他为什么是你最好的朋友？

– 你最喜欢你的朋友对你做什么或你最喜欢你的朋友和你
　一起做什么？

– 你不喜欢你的朋友对你做什么？

– 你对朋友做过的最美好的事情是什么？

– 你认为交朋友的秘诀是什么？

– 什么对交到朋友最有效，什么无效？

分享和给予

从六岁开始，你就可以和孩子一起探索以下问题：

– "分享"这个词意味着什么？

– 当有人和你分享他们个人的事情时，你是怎样的感受？

- 什么时候你难以分享个人的事情？

- 什么时候容易分享？

- 什么事情是你容易与别人分享的？

- 什么事情是你难以与他人分享的？

- 把你的一些东西作为礼物给出去怎样？你会给什么？对你来说困难吗？

- 你会在大街上给乞丐钱吗，你是怎么想的，有什么感受？

善行

从四岁开始，你就可以和孩子一起探索以下问题：

- 什么是"善良"？并不仅仅是"礼貌"，善良基于真实的感受。它指一种真正关怀他人的态度，表达温柔，对他人的需要、爱的分享和温柔予以回应。

- 人们做的什么样的事情是对他人善良或友好的？让我们列出一个清单。（如果合适，可以制作一张海报，画出或贴上各种善意表达的图形，包括友好地说话、邀请玩耍、分享糖果、帮助解决困难、倾听、按摩、欣赏、鼓励、表达感激，等等。）

- 认可并鼓励孩子去认可他人的善行。每一次当你看到任何人比如家里人或朋友的善言善行，就表达感谢和欣赏。（如果合适，准备一张大海报，邀请孩子在自己每次看到别人的善行时，就贴上一张星星或爱心贴纸。）
- 可以在特别的场合如生日或节日安排"善行日"，也可以周期性地予以安排。每个家庭成员都应当特别留心要做出善行。在这一天结束时，分享你的体验。

好消息圈

让一群人聚到一起，围成一圈，邀请每个人轮流分享最近经历的好事。可以是件大事，也可以是件小事，任何让人高兴起来的事都可以。一个微笑，一朵花，可口的食物，一次成功的体验，一个小礼物，不管是什么。

这是开启一天或一个聚会的绝佳方式，这有助于建立积极的氛围，这有助于彼此更加支持与友善。

22 创建家庭共享时间

家庭是个人的社区。我们都知道，良好的沟通对于培养家庭内部的和谐关系和合作至关重要。虽然我们知道这一点，但我们并不总是知道怎样做些不同的事情来达到这个目标。我们很忙，我们过着各自的生活，承受着压力和责任，却常常忽略了生活中最重要的方面：只是单纯地享受在一起的时光。

"家庭共享时间"是一个创新概念，也是一个极好的概念。它是发展更成熟、更平衡的家庭环境的绝佳工具。当孩子们观察并参加这样的家庭聚会时，他们将很容易融入并学习沟通技巧。

家庭共享时间应当真正成为一个快乐的聚会。它在个人层面上分享的时间，是每个人都享有平等和尊重的时间，是一段可以澄清事情的时间。

最好将其设置为定期且优先的活动，最好是每周一次，可以把它做成值得庆祝并享受的聚会，可以准备一些零食和饮料。会议可以从"好消息圈"开始，其他内容可以包括：

- 问候、赞赏、感谢
- 分享感受，表达特定需求
- 需要处理的实际问题
- 集思广益寻求新的解决方案，使事情变得更好
- 评估过去的解决方案
- 计划外出或度假活动

这个想法是要有一个专门设计的聚会，以使彼此之间保持和谐，建立更紧密的联系并进行更有效的沟通。这意味着要花一些时间看看具体情况，了解彼此的需求和观点，以便每个人都可以被充分认识。这样，可以确定并商定互利的解决方案。这样的聚会是经过彼此尊重倾听而共同努力达成的，应当没有任何强迫的成分。家庭聚会不是表达权威、责备或压力的地方。在这里，应该制定并遵守明确的沟通规则。这需要运用聆听技巧和接纳能力，诸如大家轮流发言、不打断、使用"我"字句陈述、谈论自己、看着说话的人、不立即回应而是等待轮到自己等。

家庭共享时间不仅应着重于解决问题，还应表达赞赏，共同玩合作游戏（例如制作"集体画"或讲故事"一次一句话"），计划娱乐活动，周末外出，等等。当然，也可以包括提供帮助或解决实际问题，但应该以积极和支持的态度进行。如果有些事情看起来失败了，那么共享时间应该是承认失败并从失败中学习的时间，是道歉、修复所造成的损害并探索如何做得更好的时间。

每个人的感受和观点都很重要，即使是年轻人也是如此。这是使每个人都受到尊重和重视的绝佳机会。没有权力游戏，没有老板，没有权威，这是真正的家庭社区民主管理。

实操设置

家庭会议应该定期进行，最好计划每周一次，例如在周六或周日上午进行。给家庭会议以不可动摇的优先性。关闭所有电子设备，确保大家都不会被打扰。持续时间不超过半小时，尤其是在有年幼的孩子时。虽然超过这个时间也可能会运转良好，但是，给会议一个时间限制并适当地管理时间更好。

确保设置一个议程，每个人都可以提出一个问题。保持议程开放，并给每个人所需的时间。如果时间过长，请确保在下一次会议上问题可以得到妥善地回应和解决。

通常需要指定角色来处理会议：一位主持人，负责确保每个人都可以在适当的时间进行交谈。主持人还可以根据已商定的交流规则，负责检查交流和倾听的态度。应该有一名计时员，以及一个秘书，记下所做的决定。任何集体协议都应被清楚地写下来，可能要写在家庭日记上，有时甚至可以放在适当的地方作为提醒。

当孩子们准备好时，也应该允许他们扮演这些角色。

确保以积极有趣的态度开始和结束会议。好消息圈、集体绘画、欣赏圈、感谢圈都是实现此目的的绝佳工具。

最后，如果你的初次尝试不如希望的那么顺利，请不要太快放弃。将此视为学习过程，你会变得更好，请对成功完成这项工作保持明确的意愿。

扼要重述

1.围圈而坐：每个人都应当有平等的位置。没有权威，没有老板。

2.澄清沟通规则：

1）保持在场并充分注意所表达的内容。

2）看着说话的人。

3）一次一个人说话，不彼此打断。

4）如必要，使用"话筒"：我们需要拿着一个象征性的话筒，代表着被允许说话，然后传递给下一个人。

5）尊重每个人有同等的时间发言。

6）使用"我"字句陈述：我谈论我自己，我的视角（事实），我的感受，我的需要，我的要求。

7）认可和接纳每个人的感受和需要。

8）避免评论和批评，避免所有的言语暴力。

9）保持积极态度，集思广益，避免彼此之间的所有压力。

3.设定角色：主持人（提醒规则）、时间管理员、记录员（秘书）。

4.保持议程简洁：一次探讨一至两个主题，避免长会。为有趣的支持性的活动留有充足的时间。

5.对于问题如何达成清晰的协议?

1）识别问题，倾听所有的观点，认可所有的感受和需要。

2）头脑风暴可能的解决办法，保留最能接受的选项。

3）制定出"一致意见"（避免使用少数服从多数的方式投票）：每个人必须对采取的决定感觉"舒服"。只要需要就一直协商并讨论，直到每个人都能够接受。

4）写下达成的协议。

5）澄清个体的责任与承诺。

6）当承诺没有被遵守时，澄清可能的"结果"（惩罚）。

6.欣赏彼此。

7.跟进：如果解决办法有用，请予以核对，必要时进行调整。

如果你已经在尝试家庭共享时间，请在育儿团体中分享你的经验。

进展得如何？有什么挑战？你是怎么解决的？你从这段经历中学习到什么？

23　设定家庭协议

　　邀请孩子以固定的节奏参加并寻找家庭问题的解决方案是非常合适的。我并不是说必须要遵循他们的建议，但是让他们思考解决方案并表达意见，让他们感到自己是决策过程的一部分是很重要的。同样重要的是，他们应该倾听并听到其他观点。

　　这会让孩子更有动力并有助于家庭和谐。

　　从孩子四岁开始，你们就可以一起确定什么是合适的，什么是不合适的；什么是被允许的，什么是不被允许的。写下来，列出一个简洁的清单，制作一张海报，可以配上插图，然后张贴在墙上。

　　如果可能，请让你的伴侣参与进来，以便父母双方能够持共同的态度参加。清楚地解释规则和协议，以确保它们被很好地理解，经常重复这个过程。

需要澄清的主题可以包括：

1. 家庭时间表。什么时间做什么事情？吃、玩、工作、洗漱、睡觉、起床、离开家……

2. 态度。是否可以在家里抽烟、脱鞋、制造噪音、拉扯衣服、伤害人……

3. 饮食习惯。是否要一起吃饭；是否要吃准备好在桌上的饭；是否要吃完；是否要吃蔬菜……

4. 餐桌礼仪。是否能带玩具到餐桌上；是否可以拿别人餐盘里的食物；能否乱扔食物……

5. 家庭作业的节奏。在哪里、何时、如何、什么时候开始写家庭作业？

6. 家庭共享时间和共享规则。什么时候沟通？有哪些沟通规则？

7. 家务工作。谁做什么家务？何时做？

8. 外出安排。

9. 睡前安排。

10. 洗漱安排。

11. 周末和假期安排。

12. 零用钱。

13. 手机使用。

14. 电视、电脑、手机等设备的使用。

另外，如果不遵守家庭规则怎么办？与孩子一起决定应采取的措施，进行什么样的惩罚，如何"弥补"。

协议一旦制定就需要遵守，但也必须根据儿童的需求和能力不断地进行调整和完善。

　　花一点儿时间为自己澄清需要澄清的问题，要根据你自己的需要和愿望来设定条件、规则和节奏。探索以下问题：

1. 请你回想最近孩子忽略规则而自行其是的事情有哪些？这有什么后果？你的态度如何？你伴侣的态度如何？你可以从这些经验中学到什么？

2. 你需要什么以便让你在家中感到舒适？

3. 你需要避免哪些错误的态度或不良习惯？

4. 与你的孩子和伴侣一起设定哪些合适的节奏、态度协议或"界限"？

5. 想象并写下一个清晰的"家庭协议"提案，你们将在家庭共享时间就该提案进行讨论并达成共识。

我们的家庭协议

我们决定并同意，作为一个家庭，遵守以下家庭规则和节奏（用"我"字句陈述）：

1. _____
2. _____
3. _____
4. _____
5. _____
6. _____
7. _____

在育儿团体中分享，如必要请根据新想法加以调整。

在家庭会议上讨论并跟进

1. 找到合适的时机来进入"家庭共享时间"，营造适当的氛围并分享你的建议。

2. 确保让每个家庭成员都感觉到自己积极参与制定了协议。要求每个人表达他们对提案的看法、感受和建议。不要打断，如有必要可以做些笔记。

3. 达成一项共同协议，尊重所有需求和愿望。

4. 写下最终协议，并让每个人签名。最好将其副本挂在可见的地方提醒每一位，在需要时便可参考协议。

24　青少年思维

以下是青少年可能想与父母分享的一些典型想法。他们通常不会清楚地表达以下想法和感受，但是我们可以借此更加了解他们的想法和感受。一旦你的孩子进入青春期，你可能想要和他们一起讨论一下如下想法。

1. "我并不是真的认为你是愚蠢无知的人，我只是需要通过与你想得不一样来确认自己的存在。"

2. "我不再是个孩子，我想自己做决定。当你为我做所有决定时，我需要用叛逆来确认我的独立性。当你告诉我你相信我的判断和选择时，即使是在很小的事情上，我也感到被认可，也就不需要那么逆反了。"

3. "当你征求我的意见时，我感觉很好。当你尊重我的想法时，无论你觉得它们多么可笑，我都会向你开放。我不再是个孩子了！你以一种非评判的方式专心地听我的想法，从而表示尊重。如果你可以这样做，我们便可以开始讨论了。"

4. "当你开始长篇大论滔滔不绝时，我会停止倾听。当你认为我做错了什么时，一个轻柔的提问就可以引导我在另一个方向上思考和选择，这比讲道理好得多。你试图将自己的观点强加给我，可能会让你感到有力量，但会让我保持沉默，想要逃离。"

5. "感谢欣赏是极好的！……就是记着我不再是个孩子！所以不要说'好孩子'或'你终于在听我说'，那是让我立即逆反的咒语。欣赏听起来像是'我真的佩服你是那么负责任……'或'非常感谢你……'，总体来说，就是用你对朋友说的同样的话来表达对我的欣赏。"

6. "真正的信任是我所需要的。当你向我表明你信任我，信任我的能力和我的选择时，我对自己以及对你都感觉良好，并且我不想让你失望。"

7. "当你对我的朋友们进行负面评价时，我讨厌的是你，而不是他们。"

8. "我穿着打扮的方式是用来维护自己的独立性的，有时是为了获得认可。如果你因为不喜欢我的风格而大吃一惊，你就会掉入陷阱。这表明我可以按动你的情绪按钮。"

9. "当你尊重自己和他人时，我更容易尊重你。尊重自己包括保持镇定，以一种友好的方式说话，即使你确实不喜欢他人正在做的事。尊重他人包括你的孩子。在我失去冷静并提高声音时，如果你能够说：'我不会对你大喊大叫。请你不要对我大喊大叫。'这将会真正有帮助。"

10. "我的身体在变化，我的激素在肆虐。我的老师太多了，每个人都围绕着我们工作，我的生活中好像没有其他东西了。我担心可怕的粉刺，可怕的考试。数学老师不喜欢我，我也不知道生物学课会怎么样。我担心我可能有口臭，也担心其他人可能在背后说我。我不会谈论这一切，因为我不知所措和尴尬。因此，如果我的房间一团糟或脾气暴躁，请不要生气。我需要支持，而不是教训。"

11. "不要问太多问题，太烦人了。如果你感兴趣地听并且不批评，我可能会自己分享。就是去相信当我感到安全并且准备好去分享的时候，我会去谈论和分享。"

12. "没有人喜欢到处乱窜。你告诉我你希望我洗碗、打扫汽车、丢垃圾……我不喜欢这样。但是，如果你说：'我们是一家人，我们共同分担责任。我们都希望使这个家变得美好，让我们就共同的职责达成共识'，那么这很有意义，我不会觉得自己像个孩子一样被对待。当你给我看一份书面的家务活清单，并问我选择要做哪些事时，这也会更容易些。请不要要求我做超出我能力的事情。"

13. "在我朋友的家里，一家人几乎每天晚上都一起吃晚餐。他们有一个规则：桌上没有电子设备。父母和孩子互相谈论自己的一天，以及接下来几天会发生什么，或者他们现在在想什么。我知道虽然我在餐桌上'发信息'，但其实我暗中希望我们能够像我朋友的家人一样。"

14. "有时候我想成为一个独立的成年人。有时我觉得我长得太快，希望你们可以照顾我。当你知道如何以明智的方式提出建议时，我实际上会喜欢的。你知道，就像我们在放松时聊天一样。你像一个成年人跟另一个成年人那样对我说话，并且给我一些建议——一种友好关心的方式，而不是专横的自上而下的方式。不用太频繁，偶尔一次就好。我有点喜欢这样。"

15. "这也许有些尴尬，不像是我现在的风格能说出的话，但我确实爱你。我一直爱着你，我想有一天我会再说一遍。在此期间，请忍受我。"

如果你有一个正处在青春期的孩子，你认为这些话中有哪些是他会说的？

你从中学到什么？

你可以做得有何不同？

与你的育儿团体分享你的想法，同时看看其他成员对此事的感受和想法。

25　动力有益，压力无用

对于所有人来说，显而易见的是，加倍努力并不是获得预期结果的最佳方法。从前，奴隶正是以此种方式进行工作的，但我们知道其中包含了多少痛苦。我们知道，奴隶不可能开心，一旦你停止威胁，奴隶就会停止劳动。我们不希望我们的孩子成为奴隶，不是吗？

没有内在动力，什么都无法真正实现，更加使劲推动并不会激发动力。事实上，更大的压力会适得其反：它减少了动力，带走了能量。你不能通过打孩子让他学习。你不能用独裁的方法养成自我负责和自主自律的人。你必须要找到更明智的方法。

青少年可能缺乏动力或能量去做父母希望他们做的事情，但是他们通常不会缺乏动力去做自己喜欢的事情。那么，有什么不同呢？阻碍和驱动动力的因素有哪些呢？

阻碍动力的五个因素

· 我不知道为什么做。

· 我不知道怎么做。

· 我不相信我有能力。

· 我感觉不被爱、不被欣赏。

· 我不喜欢。

1. 我不知道为什么做：缺乏明确的目标。

当我们不知道要做什么或为什么要做某事时，我们几乎是不可能开始的。

2. 我不知道怎么做：不合适的工作方法。

当我们不知道如何做，如何开始，如何计划，如何理解，如何记忆时，我们会感到沮丧。

3. 我不相信我能做到：缺乏自信。

如果我们不相信自己有成功的机会，那么我们就会感觉不值得尝试。成功不是建立在怀疑和失败的基础上的，而是建立在信心和积极的态度上的。进步是一点一点发生的。

4. 我感觉不被爱、不被欣赏：缺乏情感联结。

　　当我们不被认可、喜爱和赞赏时，我们便感受不到被支持。除了失去能量，我们的努力也感觉像是在与我们的社会环境做斗争。一个孩子会出于爱而努力去取悦或获得认可。当然，我们希望他出于自己的选择和愿望，为自己承担责任。但是如果没有情感上的支持，努力就会更加困难。

　　5. 我不喜欢。

　　没有乐趣，没有动力。无聊扼杀了动力，喜欢和享受才能激发动力。

如何激发孩子的动力？

　　1. 主动教育

　　为某件事而努力的真正愿望只能来自内在。积极参与选择我们想要做的事情以及想要如何去做，这是一种授权赋能。让孩子们做出自己的选择（在设定的框架内进行有限的选择）。让他们研究信息，让他们制定策略，给他们空间和主动权。专注于发展自主性，让他们觉得自己有驱动力，是车手，你只是一名教练。

　　孩子们需要了解他们要去到哪里，一个过程会把他们带向哪里。他们需要有实现的欲望，有梦想成真的愿望。他们越了解和澄清自己想要实现的目标，就越有可能前进并实现自己的目标。关键是：帮助识别他们的特殊才能、梦想和激情；帮助他们阐明目标，鼓励自我发现和自我评估。

但是，为了有效，他们的目标必须是：

·具体且可实操（在什么情况下？何时？与谁一起？在哪里？做什么？如何做？）的。

·可达成的，在物质和智力上都切实可行的。

·可衡量（你如何知道目标已经实现？如果目标实现，将有什么样的感觉？）的。

·个性化的，与他们自身的行动有关，与自己计划实现的目标有关。

·有益的。在成长、学习新技能、发展潜力方面，不论是什么形式，只要对他们有利。

当教育者能够跟随孩子们的好奇心、欲望和要求，而不是相反时，孩子们的学习和进步就会顺畅得多。这可能需要我们的教育系统不断发展，这绝对是趋势，这是前进的方向。

2. 积极教育：提供支持

从这个角度来看，教育者关注的是有效而不是无效的方法，关注的是已取得的而不是未取得的成就。教育者弱化错误，放大成功。他始终如一地欣赏并帮助孩子们看到他们已经取得的成就，无论进步多么微小。

积极教育侧重于赋能和鼓励，聚焦于积极思维和解决办法，而不是问题。它强调优势和个人资源。问题不会被忽略，而是从解决方案的角度来看："你观察到什么？""会有什么更好的结果？""你打算如何做？"。

有效的支持始终旨在增强能力，这包括：

·认识到已经取得的成就（"我看到你确实很努力，我知道这并不容易，但是你正在前进"）。

·客观地描述，无须评判（"我看到这个……那个……"）。

·邀请自我评估（"你对自己的进步感觉如何？"）。

·接受失败并重新定义学习过程（"你从错误中学到什么？"）。

·重构积极思维（"你可以做到……只是你还没有搞清楚，但是你会的！你走在正确的道路上……你的目标是进步，而非完美……我知道你是一个优秀的问题解决者。"）。

3. 快乐教育

教育工作者在设计更具吸引力和趣味性的学习工具和策略方面，取得了很大进步。视觉工具、互动工具、动作甚至教室氛围、关系教育都是提高孩子乐趣和动力的一部分。

我们也可以通过丰富的工作方式激发孩子的兴趣，如：

·变换场所

·想象和玩不同类型的游戏

·使用思维导图

·围绕学习主题发展故事

·了解一些著名成就者、科学家的传记

·像警察做调查一样做角色扮演

·即兴剧场

4. 合作教育

就共同任务一起工作并互相帮助以达成集体目标，绝对是非常有用的教育策略，不仅可以提高动机，而且可以提高绩效和教学技能。团队合作和同伴辅导是很好的教育工具。

但是，这种方法的成功取决于明确的协议和完善的工作方法，以及良好的沟通环境和支持环境。把不同能力水平的学生分成一组并布置作业，以便一些人可以教他们的同学。他们可以共享资源，这样在分配不同的任务时，一起又可以达成共同的目标。他们可以分担责任，以便每个人的进步都是小组目标的必要组成部分。在集体和个体两个方面进行评估：每个学生都必须能够表明自己已经建设性地参与了该过程。小组本身应该探讨如何改善他们的共同工作和效率。

如果可以正确地引入这些内容并对其进行有效的指导，那么对所有人来说，收益都是巨大的。

活　动

你的孩子有多积极，有多渴望学习和进步？

他或她最有动力的领域是什么，不太有动力的领域是什么？

你如何激励孩子？

你在这方面可以有什么不同？

与你的伴侣和育儿团体分享。

26 辅导作业

孩子们的家庭作业为父母提供了一个与孩子相处的好机会，以了解他们的表现并支持他们的学习过程。首先，在孩子能够自我管理自己的学校作业之前，一般不可避免地需要父母的一些帮助。父母的参与对孩子就阅读、数学、音乐和许多其他事物的兴趣至关重要。显然，只要孩子表现出兴趣，这种学习就可以很早开始。父母很自然地将成为孩子进一步学习的主要伙伴。

不同国家有关家庭作业的政策差异很大，不同家庭之间亦然。在欧洲，人们普遍认为，未成年子女不应在家里花太多时间做作业。他们在教室里待了一天之后，需要玩耍并享受自由。但是在亚洲，环境更具竞争性、高压力，孩子们放学后习惯在家里继续学习数小时。无论你所处的情境是怎样的，家庭作业都可能是日常工作的一部分，需要父母的帮助。

小米六岁时（小学一年级），他不得不背诵一首诗（孩子们应该做的最好的事情之一！）。我在背诵方面有一些经验，我愿意帮助他。我会读几行，然后让他根据需要重复多次，直到他完全能够复述为止。接下来，我会继续第二段，然后再从头开始整首诗，依此类推。小米不熟悉这种背诵方式，一开始并不喜欢这种学习方法。多次重复同样的事情让他感到艰巨而无聊。的确，这种学习策略需要付出一些努力，但会有所收获。我坚持，他做到了。20分钟后，他对整首诗烂熟于心。我问他："感觉如何？你很高兴可以成功地完整背诵这首诗吗？"他说是，他感到骄傲和满意。"花了很长时间吗？"他否认了。

几周后，他又学了一首诗，他最初说他不想背。当我试图说服他时，他一直在抵抗，我说："好吧，你不想这么做。这是你的选择。但是你还记得上次你背下这首诗时你多么快乐！我们花了不到20分钟的时间，对不对？现在，你更喜欢哪个，是为能背下它而感到自豪，还是为不背它而感到难过？那是你的选择！当你准备好时，请告诉我。"。

我说的话起作用了，他要我继续下去，而且进展顺利。

从那以后，我们做了很多背诗的活动，而他再也没有拒绝过。实际上，我们俩都喜欢这项活动，这就像一个训练。他走来走去非常专心地背诵，严格按照我的指示去做。一旦他了解和接受这种学习方式，便会快速高效且有回报。

这种活动不仅可以发展记忆力和语言，还可以教给孩子一种方法，一种高度要求，一种完美感。这帮他们内化整合了一种有成就的喜悦感和自豪感，努力的价值感。这才是最重要的！远比诗歌的实际内容或他们在学校获得的好成绩重要。这才是这个活动的价值所在。

让作业成为孩子自己的工作

最好是始终让孩子们知道你关于他们家庭作业的想法只是一个建议，真正重要的是他们自己的想法和规划。他们才是对自己需要做的事情负责的人，而不是你。他们可以按照自己选择的方式来做。教给他们自主和自我负责远比其他任何目标都重要。

对于那些倾向粗心和不负责任的孩子来说，这可能不是一件容易的事。小米花了好一段时间才对家庭作业表现出真正的意愿，他会倾向于说他没有作业要做。他倾向于隐藏自己的学校任务记录本，或尽可能拖延功课时间，即使这不会花费超过30分钟的时间。

我们尝试了几种方法，例如奖励他，如果他及时回来并做他需要做的一切，但是他没有。我们试图让他先完成作业然后再玩，但是我注意到他会在5到10分钟内草草弄完。他想独自一人做事，不接受检查，但是我们意识到他会应付了事。有一次我们达成协议，他放学后玩一个小时（通常是在户外），然后在下午5点30分回到家，与我一起度过半个小时，做他必须做的工作以及额外的阅读。半小时，不多也不少。问题是他没有时间意识，所以他不会及时回家。然后，我给他提供了一个对讲机，以确保我们保持联系，并且我可以用对讲机叫他并提醒他时间。效果非常好，好于预期：他非常喜欢对讲机，因此他会主动不定时核对："现在到时间了吗？"

开始工作的时候，他通常不会给我任何机会来"管理"程序。他总是很清楚，他不喜欢我告诉他应该做什么。因此，他会安排决定："首先做这个，然后做那个……"我知道这没关系：做作业是他的工作，不是我的。我在那里只是在他需要时提供帮助。

展示给我看你如何管理！

虽然在教授学习策略方面给予一些协助绝对有帮助，但重要的是父母不要为孩子做孩子的工作！父母在场、鼓励和支持是必要的，但是我们需要让他们自己完成工作。当你必须要解释他们不太了解的事情或"展示"如何做某事时，请确保他们理解并看到你如何做，然后让他们自己重复一遍。你可能会问："让我看看你自己是怎样管理的"。

当孩子说他做不了某事时，一种策略是问他"想象一下，如果你确实知道，你会怎么样做，你会怎样开始？"你甚至可以使用"魔法棒"并假装顷刻之间改变了一切，或邀请他们立即改变他们自己。"想象一下你现在完全不同了，你拥有需要的所有技能。你会如何前进？请展示给我你会怎么样做。"

教我一些东西！

另一个有用的策略是让孩子成为老师。他必须教你他需要知道的功课。他必须决定你需要了解多少以及如何测试你。他必须找到一种策略，以确保你理解并知道该课程。为了使该活动更有效，你可以假装不立即理解，以检验孩子用自己的话清楚地解释事情的能力。

学习方法

　　孩子在发展学习策略方面，肯定需要辅导。仅阅读一次不会记住，将工作拖延到最后一分钟是有风险的。计划、时间管理、复习、记忆和总结都是必不可少的技能。你可能需要解释并逐步将它们训练成适当的学习方法。

　　要训练孩子练习快速阅读，在一分钟内阅读一页并检查理解能力。把它变成一个游戏，要求他们必须打破自己的时间记录。比如要求他们用不超过三句话来总结他们已阅读的内容。

　　帮助他们制定短期和长期计划，帮助他们设定明确的目标。

询问问题

　　当孩子长大至初中或高中阶段时，他们显然应该能够自主学习了。父母可以做的最好的事情就是清楚地表明，自己不是在检查和命令他们，处理作业任务是他们自己的责任。

　　当他们失去动力时就会出现问题。在这种情况下，就像在任何情况下发现问题一样，请以提问的方式与他们探讨：

- 困难是什么？

- 这样下去会把你自己带去哪里？你将要面对什么样的
  后果？

- 你到底想要什么？你为自己设定了哪些目标？

- 你打算怎么办呢？

- 你准备采取哪些具体的步骤？

- 你打算如何处理学校的作业？

- 你的计划是什么，你的时间表是怎样的？

- 你想要我怎么帮你？

- 我不会代替你做你的工作，但是如果你需要我，我可以
  为你提供帮助……

制定清晰的时间表

一些孩子需要遵守既定的时间表。如果事情太松散，他们将无法遵守协议。清晰而稳定的常规安排对于养成良好的习惯至关重要。

显然，这不应该苛求。这需要父母与孩子明智地协商并得到同意，也需要来自父母明确的坚持。

奖励和金钱

这是一件非常个人化的事情。对于某些孩子来说，奖励将是必不可少的，而对于另一些孩子则不需要。必须由你来决定这种方法在你的家庭环境中是否有意义。

有些人认为教育是为了孩子，为了他自己的利益。学习是他对自己未来的投资，父母已经为孩子提供了很多，不需要为孩子对学习的努力而付费。

有些人则认为，金钱可以成为宝贵的激励。良好的结果可以带来更好的财务回报。没有结果，就没有钱！

无论如何，在某一时刻，金钱可能必须进入教育游戏。儿童需要发展其财务意识和自我管理能力，购买自己的衣服或休闲用品。给他们一点钱，让他们可以存钱或花钱，这对他们来说很有用。可以在孩子大约八岁时开始提供这类激励。

评估表

我们探索了几种类型的每日或每周评估表，首先是一些简单的评估表，目的在于欣赏和激励，后来我们进行了更详细的评估，我将在下一页与你分享。

　　这项评估策略对难以遵守协议的孩子非常有用。他们需要额外的指导，有时还需要非常具体的奖励，以保持动力。

我 的 每 日 评 估

日期：

一起评估我的态度

1分（差）　2分（不够好）　3分（中）　4分（好）　5分（很好）							
1. 遵守时间：	日	一	二	三	四	五	六
2. 自发地拿出学校书本：							
3. 时间有效（没有浪费在排斥上等）：							
4. 倾听态度：							
5. 积极态度：							
6. 阅读：							
7. 书写（阅读笔记，日记）：							
8. 收拾个人物品：							
9. 合作：							
10. 良好的心境：							
11. 自主性（穿衣、洗漱、就寝、工作）：							
12. 家务（收拾，清理等）：							
一日总计（总分60分）：							
一周总计：							
我对父母帮助的欣赏和感谢：1–2–3–4–5							
我想要进步的方面：							

每周六晚统计总分。

　　·少于 200 分：减20元

　　·200～250分：没有奖励

· 250~300分：加10元

· 300~350分：加20元

· 350~420分：加40元

你对孩子的家庭作业的辅导是什么情况？

有哪些挑战，你如何应对？

关于孩子，你个人的目标是什么？

你的孩子的目标、特殊才能或抱负是什么？你认为孩子最适合的目标是什么？

你可能可以做哪些不同的事情来获得更好的结果？

与你的伴侣或育儿团体分享。

27 留心重要的学习过程

价值观将极大地影响你的孩子的生活。你可能认为价值观是个人问题。确实，你需要澄清自己的价值观并一以贯之。价值观具有普遍性，与我们的更深层的本性有关。生活趋向于平衡与和谐。生命是"合一"和"相互联结"的。为了获得成功，生活必须是合作的、透明的、真实的、快乐的和仁慈的……让我们来看看你和你的孩子需要整合和呈现的主要价值观。

1.自我负责

自我负责包括能够照顾好自己，保持自主，还包括远离抱怨、指责和受害者意识。我们必须在不做为和负责任的创造之间进行选择。当我知道自己正在创造自己的现实时，我也知道，当出现问题时，唯一真正的问题是："我"可以做些什么来使其变得更好？"我"可以在这里学到什么？养育负责任和自主的儿童需要运用本书中提到的所有技能和策略。

2. 秩序和组织

有效计划和领导我们自身的行动能力显然至关重要，此学习过程宜尽早开始。对于某些人而言，这很容易，对于其他人而言，则并非如此。家长可以从演示并要求每件物品都有其特定位置开始，并在使用后立即归位。

另外，让你的孩子尽早参与家庭的时间管理。让他们事先知道将要发生什么，顺序是什么，什么时间会发生。按照设定的时间表工作。

3. 自律严谨

此要求对于实现我们的目标是必要的。没有高标准的自我要求，就没有人能成为大成就者。这种能力的培养从很小的时候就开始了。我们如何打理事情？我们如何使用物体并将它们放回原处？我们如何完成我们已经开始的工作？这意味着在我们所做的任何事情中培养一种完美感，从小小的手势和日常任务到大型项目。这意味着把我们已经着手的工作做完，不会半途而废或总是留个"小尾巴"。

这并不意味着我们必须做到那种不能接受任何失败的"完美"。这意味着我们的意图和自我要求必须尽可能地高远，使我们所做的一切完满达成。要尽我们所能做到最好，当然不是旨在平庸。

4. 明确意愿

知道你想要什么，在为什么奋斗。有觉察的生活与在"自动驾驶"中的生活（即没有觉察、沉闷和毫无意义的生活）恰恰相反。过着无觉察的生活的人不知道自己在做什么、要去哪里和想要什么。意图和觉察是我们可以发展的技能，反过来又会帮助我们自身的发展。重要的是邀请孩子表达自己的梦想和抱负，做出自己的选择和决定。我们需要向他们表明，他们创造了自己的现实，自己的未来。他们真正想要的和争取的一切都是可以实现的。唯一的限制是我们自己设定的限制。

作为教育者，我们在其中的主要工具是我们提出开放性的问题，并邀请孩子们表达对事情的清晰立场。

5. 自我认知

了解我们的长处和短处，接纳自己，不要太自以为是，不要太容易被冒犯，承认错误，并愿意向他们学习。谦虚是实现卓越的最强方法。

如何教授自我认知？当然不是通过责备和分析，而是通过邀请识别优缺点，欣赏优点，发现缺点——这是成长和学习的机会。

6. 拥抱变化

时刻准备着重新考虑我们的选择，承认错误，成长和前进。展示此技能将很有用。而且，不要过度宠爱孩子。邀请他们探索新事物、新体验、新文化、新地方……将他们轻轻地推到舒适区之外。

7. 成长型思维

我们已经对此有所探讨。它涉及的能力是欣赏我们拥有的东西，看到事物的积极方面，着眼解决方案，而不是到处看到问题，对生活以及自己的能力保持乐观和信任。

8. 正直、透明

在一个日益开放和合作的世界中，沟通技巧和存在技能受到高度重视，诚实正直成为主要的价值观。禁止欺骗和隐瞒，成为可能。因此，我们应该确保没有什么可隐瞒的。我们所做所思的一切事情，都应该像整个世界可以即时看到或听到的那样"干净"。这也意味着真正尊重他人。

为了传授这些价值观，教育工作者必须确保他们牢固地植根于自己的诚信意识。惩罚和责备不会有效，但温和地提醒和信任地表达是有效的。我们之前已经看到过这一点：不要对孩子的躲藏或作弊的自然倾向反应过度。对于孩子来说，当他们感觉力不从心且面对成年人感觉弱小时，这是一种很正常的策略。

9. 对人好奇

思想开放，欢迎各种想法和观点，表现出存在感和兴趣，看着别人，听他们说话……有关其他文化的人、故事、哲学思想和思维方式的故事应该成为教育的一部分。

10. 平衡节奏和习惯

良好的睡眠，充足的休息，与屏幕断开连接，关注重要的人和事，应该是健康生活方式的一部分。饮食健康、均衡适度，限制我们对有害或令人上瘾的产品（烟、酒、糖等）的消费。这涉及聆听身体的真正需求，照顾身体以及情绪和精神卫生的能力。

11. 美与和谐

让你的孩子有机会欣赏美好的事物。美好不一定是昂贵的或豪华的。简单的事物、自然的物体可能比精致的奢侈品具有更高的美学价值。注意使用真正的乐器演奏的音乐，以高质量的音响系统为目标。让孩子有机会鉴赏艺术品和手工艺品。

12. 保持简单

不执着于物质生活，懂得放下，使人拥有更大的自由。生活简单的人通常比富有和老练的人更加宽容和放松。物质上的简单，再加上心灵上的简单，意味着我们不需要积累资产，不需要通过我们所拥有的东西或外观和角色来主张自己。我们真正的美丽在内在。

如何教授这些价值观？

通过示范和积极邀请来"激发"学习过程。没有责备，没有惩罚，但是始终如一地欣赏小进步，经常提醒学习过程的目的是什么，问询意愿，如果目标不明确，澄清需要做什么。

一些简单的工具可能会有所帮助，例如个人评估表，"待做"清单，对已经完成的事情打勾，墙上有关于目标、意图、确认的海报……

　　花一点时间为自己澄清哪些价值观最重要。探索以下问题：

　　·你对这些价值观中的哪些感到舒服，并始终如一地有效地展示它们？你对孩子采取什么教育干预措施？结果如何？有什么可能不同或更好的做法？

　　·你觉得其中哪些价值观对你构成挑战？你如何更好地展示它们？你可以采取什么措施来帮助你的孩子成长？

　　确定明确的意图和行动计划。如有必要，起草一份"家庭协议"提案，可以在家庭共享时间中进行讨论和达成共识。

28 就寝策略

就寝时间是与孩子建立特殊联结的好时机。躺在床上后，你既可以为孩子读书，也可以讲故事。你还可以借此机会进行更多的个人分享，提出一些问题，让孩子有机会对尚未表达的事情、可能的焦虑情绪或白天发生的对他们有意义的事情说几句。随着他们说话能力的增强，你可以探索：

- 一天中最愉快的时刻是什么？
- 最不愉快的是什么？
- 今天你做过什么令自己感到开心或骄傲的事吗？
- 明天你有什么盼望着做的事情？

这些问题使你有机会了解孩子的心情，无论是愉快还是不愉快。这也是给予认可和赞赏的时候，也可以是就体验和经历分享一些观点的时候。

讲故事

讲故事是一种很好的教育工具。可以在孩子开始理解语言之前，甚至在他们开始说话之前，就可以和孩子一起使用。讲故事可以有多种类型。

我们当然可以读儿童读物，这是陪小孩子上床睡觉的最传统方式。如今，有大量的优秀儿童读物，但是请注意书籍的种类。在头几年，这种阅读极大地参与了语言发展。命名对象，识别动作词语，认识事物的特质，对立等。一定要遵循孩子的兴趣和发展。也要注意介绍非虚构的有关真实世界的故事。许多儿童读物以及动画故事都着重于幻想的动物，这些动物与现实的动物生活没有任何共同之处。用能够真实地了解自然和我们生活环境的观点来平衡这一点显然很重要。因此，对更多科普性的书籍也应留有空间去探索。另一方面，带有角色和动作的故事将使你有更好的机会在阅读后探索一些问题（见下文）。

当孩子们能够进行更多富有创造性的谈话时，另一个有趣的选择是即兴自编故事。这可以由成人来完成，也可以由成人与一个或多个孩子一起相互回应。一个很好的例子就是"三个词语编故事"的游戏：孩子说三个词，父母使用这三个词自发地编一个故事。当已经使用了这三个词语后，讲故事的人可以问："接下来会发生什么？"孩子可以再给出三个词语来进一步共同创作故事。当然，在孩子准备好的时候，你们可以交换角色。

还有一种可能性是彼此轮流讲述一个故事，自发地相互补充。这可以是每人一分钟，也可以是"一人一次讲一句"，甚至（当人数较多时）可以是"一次一个词语"。显然与更多人一起玩，会更有乐趣。所有这些故事游戏都可以3～10个人一起玩。

你还可以在即兴讲故事中使用一系列特殊设计的卡片、图像或其他邀请工具（例如玩具、玩偶和小雕像）。一张新卡片提供了有助于故事继续发展的新元素。不同的元素可以改善对话或关系、表达感情、采取行动等。

运用木偶或任何物体。你和孩子都可以握着一个木偶，让他们扮演这个想象的角色。

当然，故事也可以通过表演来呈现。孩子们可以装扮并进行角色扮演。这其中有无限的创造可能性。

阅读之后提问

花一些时间邀请孩子分享有关你给他讲的故事的信息，这很有用。你可以问她有多喜欢，答案可能是"是"或"否"，你可以逐渐邀请孩子说得更具体些。你甚至可能希望他根据喜好对自己喜欢的儿童读物进行分类，或者给这些书在0～10分之间打分。这将帮助孩子发展评估和表达自己观点的能力。

如果合适，根据他的年龄，你可以引领他探索以下问题。

1. 识别不同的人物：故事中有哪些人物？

2. 识别不同人物的情绪：他们有着怎样的感受？

3. 确定感受的根源：你认为是什么让他们有那样的感受？

4. 识别需求：他们需要或想要什么？

5. 识别选择和行动选项：他们当时还能做些什么让一切更好？

6. 这个故事使你想起你生活中的哪种情况？

7. 你可以从这个故事中学到什么？

8. 在0～10分之间评分，你有多喜欢这个故事？你最喜欢什么，最不喜欢什么？

按摩

入睡前另一种有用的活动是轻柔地按摩。只需记住：这是轻柔地抚摸，而不是深入的更具治疗性的按摩。儿童需要这种身体接触，这种接触应始终保持柔软。只要他们要求，你就可以提供，直到他们进入青春期。

但是，如果有时由于某种原因你无法提供，不要担心你会打破节奏。随着孩子的成长，按摩不应该必然成为每天的义务。不要让孩子过于依赖它。

自主阅读时间

一旦孩子们能够自己阅读并对此表现出兴趣，就应鼓励他们自主阅读。大约在八九岁左右，阅读应该从父母读故事逐渐转变为自主阅读。

最好避免在睡觉前看电视、电脑，读书是一个很好的睡前活动。

睡前焦虑和家庭床

年幼的孩子在入睡前常常表现出担心，他们不得不独自待在黑暗中，黑暗会带来一种看不见的脆弱感，让人感觉可能有鬼魂来引诱和威胁，潜意识里的记忆可能会通过梦境而显现……

当孩子感到焦虑时，与父母一起在父母的房间里睡觉可能是一种令人放心的措施。但是，我个人认为孩子要习惯于在自己的床上睡觉，孩子甚至更适合于在自己的卧室睡觉，这对发展其自主性更为合适。我知道不同的文化对于孩子与父母是否分床睡、何时分床睡这个主题的理解会有些许不同。在西方国家，孩子通常睡在自己的卧室里，有时是几个孩子睡在一起。在东方国家，全家人躺在一张床上睡觉是很常见的。这对孩子的成长和父母的关系都有深远的影响。当然，睡在一起可以提供强烈的安全感和联结感，但并不促进自主性。有些人多年来一直依赖与他人同床共枕，有时甚至终其一生。

此外，孩子们需要对自己的领地有清晰的认识，而不应将其与父母的领地混淆。父母需要在没有孩子在场的情况下保持隐私并建立亲密关系。家里只有一张家庭床通常会引起人们对隐私和领地的困惑。绝对不宜让孩子以任何方式参与甚至见证父母的性生活。

　　不过，我个人认为，可以有偶尔的例外，只是偶尔。

你是怎样把控睡前节奏的？

你对此有多满意？

你可以做得更好或不同吗？

你可以想到有什么解决办法吗？或者你想尝试什么？

与你的育儿团体分享。

29 如何处理孩子的焦虑？

令孩子感到焦虑的因素可能有很多：入睡、黑暗、噩梦、分离、社交、过分害羞、对学校的恐惧，等等。但无论焦虑的起源为何，我们对待焦虑的方法是一样的。在使用以下方法时，你需要表现出平和与自信。

1. 建立身体接触。

你可以做的第一件事就是"抚触"，伸出援助之手。此非言语信息表示："我在这里，你是安全的。"。

在场、与孩子在一起，可以为与焦虑斗争的孩子提供舒适与安全感。孩子给出的焦虑原因可能看起来像是杞人忧天，但焦虑是真实的。这是非理性的，不能简单地将其视为幻想或一时兴起而放在一边置之不理。

2. "告诉我是什么让你如此焦虑，是什么让你害怕？"

邀请孩子谈论这件事将使他们有机会表达自己的情绪。只是让他们说出来，不打断，也不评判或反应。重要的是不要弱化或否认他们的恐惧。避免说："不要害怕！"只是善解人意，承认孩子的情绪现实。适时提一些问题可能会有所帮助，例如"你的忧虑有多强烈？"或"你感觉恐惧在你身体的哪里？"

3. "把那个害怕画出来，怎么样？"

有些孩子难以用词语表达情绪。即使孩子可以谈论情绪，我们也可以邀请他们用替代方式来表达他们的感受，比如画画、塑形、玩过家家或其他角色扮演游戏……然后我们可以询问孩子想做什么代表，可能还需要什么图片或者什么代表……

外化焦虑可以帮助孩子去除对焦虑的认同。孩子可以从他的忧虑中退后一步，与自己的内在资源重新联结。

4. "关于你的焦虑，你想告诉我些什么？"

用这句话，不仅是在邀请孩子表达情绪，也是在邀请他识别自身的需要并想象解决办法。如果这个问题太含糊，你可以添加："想象一下，发生些什么会使你感觉好些？"然后，孩子可以想象那个图画(或任何表现形式)正在发生转变。
它会变成什么新的形态?伴随这种变化,会有什么不同的感受
出现?

你还可以邀请孩子想象问题或焦虑本身是一个物体:"把
这种焦虑想象成一个物体,它会是什么物体?你会和它说些什
么?它需要什么会感觉好受一些?你将如何照顾它?……"

5. "让我们改变结局。"

焦虑的孩子可能会被困在令人恐惧的故事中而看不到任
何结果。我们可以鼓励他们想象使他们摆脱消极思想的不同选
择。"想象一个故事的续集,想象在那种情况下有人来营救
你。会发生什么?那会是谁?只是想象……"如果孩子不能独
自做到这一点,我们可以引导孩子想象一些神奇的力量,或者
警察的干预。

然后确保你会问孩子:"想象这种情况,你有怎样的
感受?对你而言,会有什么不同?……只是进入这些感受
之中……"

6. "你对这个主题还希望有什么了解?我们在哪里可以
找到更多信息?"

有些儿童在掌握了有关焦虑或焦虑根源（无论是技术上、心理上、生物学上还是其他方面）的更多信息后，他们会获得安全感和自信。如果是这种情况，请帮助你的孩子寻找或了解相关信息，并弄清楚你可以做什么。

7.“你想使用哪种策略？”

你们还可以一起列出有助于恢复平静的各种选择（选择轮）。其中有些活动可以定期进行，也许在早上或晚上可以作为小的仪式进行。可以在你的日常生活节奏中给它们安排出位置。

一些建议：

· 简短的放松运动

· 与爸爸、妈妈、狗、毛绒玩具拥抱

· 深呼吸

· 读一本书（也许是一本特定的书或喜欢的书）

· 在安静的有花草树木的地方散步

· 喝一杯水

· 吃些美味的东西并充分感受到它的味道

· 观看平和的或有趣的节目、纪录片、舞蹈或音乐表
演，等等。

8. "我能为你做什么？你需要我做什么？"

这些问题可以使孩子有机会了解他自己的需求，找到解决
方案并向父母提出明确的请求。

– 你的孩子有过焦虑的时刻吗？什么时候，发生了什么？

– 你倾向于如何处理？

– 你尝试过哪些有效的方法？

– 你尝试了哪些无效的方法？

– 你还打算尝试什么？列出一些新想法。明确你的意图，
　做出一些明确的决定。你具体打算如何做？

与育儿团体分享。

30　如何帮助孩子处理噩梦？

在三岁之前，孩子可能无法清楚地区分梦境和"现实"。他们可能在夜里醒来，谈论他们所看到的事情。父母只要在场并将他们的注意力转移到其他事物上即可。

在三到五岁之间，他们开始能够区分梦境与现实，意识到梦境是一种内部体验。不过，孩子们也许在开始说话时就提起自己的第一个梦境，但其中大多数人往往还不会口头表达。七岁之前的孩子，偶尔有噩梦体验是很正常的。随着孩子长大，他们的恐惧得到控制，并且对他们的世界有了更多的心理控制，噩梦逐渐减少。但是我们都知道，噩梦可以发生在任何年龄，甚至在成人生活中。它们是未解决的焦虑的一种表达。

孩子们经常梦到被怪物追赶。这些梦境虽然有可能反映了孩子所经历的不安全感或威胁，但通常并非如此，这样的梦境通常是孩子更深层、潜意识的恐惧和记忆甚至可能是集体记忆的一种表达，这被孩子感知为自己内心环境中的一种令人困扰的恐惧的存在。

我们可以怎样帮助遭遇噩梦的孩子呢？

当你发现孩子似乎在做噩梦时，你要做的第一件事就是轻轻地唤醒你的孩子，以便他可以确认周围的安全。无需向孩子询问梦境内容，他可能无法清晰地谈论这一经历，只需将他的注意力转移到完全不同且令人放心的事物上即可。

不过，如果噩梦反复发生，你可能需要检查一下孩子的噩梦是不是对令人不快的事件、情境或关系的反应。同时，请注意一些吓人的睡前故事或影视图像可能会对孩子产生强烈的影响，即使他并未真正观看或理解。

一般来说，请欣赏并鼓励孩子分享有关梦境的信息。即使你无法解释，也要对他们的梦境体验表示兴趣。别忘了，虽然图像是幻想的，但感觉是真实的。这些感受只是需要得到承认，请提供你支持性的倾听和爱的陪伴。

如果可能，帮助孩子识别梦中的资源性的元素。例如，一个十岁的女孩做了这样一个噩梦。她在黑暗的大海中，一条巨大的鲨鱼正在靠近。她发现了一些可以躲藏的岩石，但她感到非常恐惧，无法逃脱。然后，一只海豚游过来救了她，将她快速地带到了安全的海滩上……在那个梦之后，她不敢再睡觉。

但是，这个梦境显示出强大的内部资源。岩石和海豚都表明女孩可以找到解决办法，以解决她所感知到的威胁。最后，她到达了一个安全的地方。

在这种情况下，指导孩子的一种有用方法是联结资源，使孩子记住被救助和安全时的感觉。联结到力量感是帮助她摆脱恐惧的最佳途径。

你可能并不总是能够识别梦境的含义或信息，但是在可能的地方，能够指出梦是我们内在现实的镜子是好的。

如果梦境有一个不愉快的结局，你可以让孩子想象一个更好的结局。坠落的梦可以变成飞翔的梦。当被怪物追赶时，孩子可以想象警察来抓捕坏人。培养孩子对意象画面进行再加工的能力，帮助孩子通过想象摆脱他们无能为力的感觉。

如果你想要对梦有更多了解，请参阅我的另一本著作《梦的真相：释梦的理论与实践》。

31　体验丧失

　　当孩子失去对他们重要的物件或重要的人时，他们可能会感到很痛苦。无论是失去玩具还是朋友，遭遇搬家或者某人去世，分离都会带来悲伤。它唤醒了一种断裂的感觉，这是每个人都有的与出生经历有关的基本痛苦：我们与一种深刻的一体感失去联结，进入了个体化的存有中。这种感觉呈现出我们需要重新联结。

如何提供帮助？

　　当孩子面对丧失时，首先要认可并接纳这种情绪，欢迎这种感受：悲伤是被允许的。除了认可，并不需要多说什么。"是的，这很痛苦……"成人倾向于理智化情绪，进行解释或安慰，甚至建议忘记并尽快振作起来。然而感受只需要被认可。丧失会带来伤痛，从否认、愤怒到悲伤，再到逐渐接纳，这是一个自然的悲伤过程。给孩子留出时间来完成该过程，就是提供陪伴、联结、支持和理解。联结会带来疗愈。

让孩子知道他们可以流泪、哭泣。你们可以进行一些帮助放下的仪式：一张图片、一封信、一个讯息、一场告别会……

如果丧失非常痛苦，则可以选择或想象一个物体，该物体象征性地代表失去的人或物体。例如，一个毛绒玩具可以代表一个已经搬走或消失的孩子想念的朋友。邀请孩子与象征性的朋友交谈，表达感情。

一条看不见的线

归根结底，孩子们可以很容易理解一件事：我们都被无形的纽带永久地联系在一起。分离是在现实的一个层面，在这个层面上，事物和人会彼此分离，但是在我们的内心，我们都彼此相连，我们是一体的，无论何时何地。你可以告诉你的孩子，人与人之间有一条看不见的线，尤其是在彼此相爱的人之间，这条线更加牢固。你可以告诉他们："当你上学而我在家时，我们之间有一条看不见的线。当你睡觉时，我在另一个房间里，我们之间有一条看不见的线。无论何时何地，即使我们死了，我们中的一部分仍然在一起……"

我们有一部分永不消亡……

32 养育多子女

　　一家人拥有共同的生活空间，很容易产生摩擦。家庭也是一个我们可以更自由地表达自我、探索我们的力量、表达我们的声音并确认我们的存在的地方。争执有时是不可避免的，尤其是当你有多个孩子时。

　　最重要的是，兄弟姐妹之间可能会产生强烈的嫉妒感。他们共享父母，却可能会受到不同的对待，他们可能会争夺关注和爱。个体之间的差异可能会被感觉为不公正，比如一个人被认为比另一个人更有天赋。

　　所有这些为家庭提供了一个绝佳的学习环境，帮助他们提升情商和冲突解决能力。

　　父母要能够不过度保护性地进行调解干预，最好让孩子们自己探索解决方案。如果他们无法成功解决冲突，父母可以通过以下提问给予帮助：

· 怎样可以更好？

· 你们每个人都可以做得有什么不一样？

· 你们各自的需求是什么？

· 如何制定双赢的解决方案？

请注意，真正的学习是：

· 尊重彼此的领地。一个人不得擅自干涉另一个人的
  事务。

· 不带评判和压力的交流。学会谈论自己（使用
  "我"字句陈述），表达自己的感觉，自己的
  需要。

· 学习表达开放、可协商、现实、积极的要求。

· 接受差异。每个人都是不同的，每个人都有特定的
  才华和动人之处。识别并邀请家人欣赏他们各自的
  才华和动人之处。

这些学习过程需要时间，不要期望你的孩子马上就变得完
美。我们自身也不是完美的。一定要提醒自己，树立榜样，并

欣赏微小的进步。

　　如果可能，请确保每个孩子都有自己的空间。无论年龄大小，都应促进家庭积极、支持和合作的氛围。如果你的孩子相互之间的年龄相差三岁以上，他们的节奏和学习水平可能会大不相同，但他们仍应能够在各种活动中进行合作。附录中的一些游戏应该很有趣。充分利用家庭共享时间，为每个人提供彼此倾听、接受差异、学习欣赏和支持的空间。

　　即使他们的年龄相差五岁以上，应该也不会妨碍他们拥有有意义的体验。年长的将不可避免地对年幼的产生教育影响，有时甚至是非常积极的影响。要给年长的赋权，年幼的才可以在架构里有榜样跟随。无论如何，这对每个人来说都会是很棒的学习经历。

· 你有多个子女吗？你教育他们的经历是怎样的？

· 你不得不面对的挑战是什么？

· 你是如何处理的？结果是怎样的？

· 什么方面不顺利？你能想象出什么更好的解决方案？

与你的育儿团体分享。

33 照顾好你自己

1. 花一些时间思考、识别你当下在家里、在工作上以及生活中的总体需要有哪些？

2. 想象你有着异常忙碌的一天，你感觉非常疲惫。想一下你可以做的所有的能够帮助你放松、恢复活力的事情，并把它们写下来。

3. 列出使自己拥有完美一天所需的一切。要让事情变得完美的"条件"是什么？找出让你开心幸福的10～15个最重要的条件。绘制一个"思维导图"（一个"曼陀罗"），其中最重要的条件在中心，次重要的条件在中心附近，其他条件离中心更远一些。

4. 在小组中分享你的想法和感受。写出其他好的选项，完善你的思维导图。

34 我的问题解决方案

识别你的一种问题行为（不良习惯、错误的态度、你认识到的需要改变的事情）。

1. 我的观察（描述你倾向于做什么以及什么使你表现出那样的行为）：＿＿＿＿＿＿＿＿＿＿＿＿＿＿＿＿。

2. 负面影响是什么？这种行为对我自己和他人可能造成什么问题？

3. 我怎样做可以避免造成这些问题？

4. 这种更好的态度会带来哪些积极的后果？

5. 我准备做出明确的决定，并承诺从现在开始致力于：

＿＿＿＿＿＿＿＿＿＿＿＿＿＿＿＿＿＿＿＿＿＿＿＿。

6. 我认为其他人（我的伴侣、孩子、朋友等）可以做些什么来帮助我信守承诺：＿＿＿＿＿＿＿＿＿＿＿＿。

在两人小组中分享。在大组中报告你从这个探索中收获了什么。

35　问与答

我在这里分享一些我从很多父母那里收到的一些问题。由于大多父母面临着相似的挑战，所以我的回答或许对你能有所启发。

问题1

我儿子早上上学要迟到了。我说："这是你的事情，你应该更负责任。"他说，他的同学有时根本不在学校露面。我很生气，想知道为什么他要和最差的比，而不是和更好的比。我该怎么做才能帮助我的儿子？

积极的教育依赖于激励和积极参与的能力，责备不起任何作用。如果你想让孩子表现得更好，请不要用力推动或让他感到难过。请尝试表现得友善，表现出理解。孩子们已经做了很

多事情，他们确实还需要玩耍并享受生活，不要将他们的努力
视为理所当然。

找到正确的激励方法：赞赏他已经做了什么；练习积极的
提问，询问他真正想要什么，以及他将如何实现自己的目标；
让他识别自己的选择；相信他，让他经历自己的体验过程。如
果他不准时或根本不去，他将面对什么样的后果？

也请核查自己的情绪反应。在口头交流中，有时孩子所使
用的词语并不总是他真正想要表达的意思。孩子们经常进行挑
衅，就像参与力量游戏一样。毕竟是你使他承受压力在先，然
后他为自己辩护。是你创建了这个游戏，你也可以退出这种游
戏，而不必让自己陷入其中。保持微笑，给予信任。

问题2

我女儿今年六岁。最近她很调皮，我骂她，可她会
笑。她笑的越多，我越生气。我应该怎么处理这种情况？

笑是抵制愤怒的有力武器，她感觉到你的弱点并加以利
用。孩子们强大而聪明，他们不会让你压倒他们，他们需要被
平等对待。权力无效。你需要与她一起坐下来认真交谈，提出
问题，制定协议。听她说，让她表达她想如何解决问题。不要

说教，确保她理解并接受你设置的界限。

核查你的愤怒，呼吸并放松！学习如何以一种较少情绪化的方式与她交流。你没有具体提及她做过的"调皮"的事情，但是一定有一种安静地坐下来说话的方法。

每当你观察到她正在努力遵守时，都要感谢她的努力。意识到这是她的学习过程，对你而言亦是如此！

问题3

> 我的女儿七岁。她的老师说，考试的题目已经经过反复的演练，显然是她在课堂上已经掌握的内容，可她在考试时却无法正确地答出来。我的孩子在考试时似乎无所适从，我们该如何处理？

这是一个与孩子的学习节奏以及教师的教学能力有关的问题。每个孩子都不一样，应尽可能尊重个人的学习节奏。教师不应期望每个孩子以相同的方式、相同的节奏进步，他们应以支持性的方式陪伴孩子的学习。

此外，孩子在面对考试时可能会感到压力太大，压力或缺乏自信正在削弱她良好表现的能力。老师要去寻找评估孩子的更全面的方式，而不会使孩子失去信心。

另外，老师可能会抱怨，但是作为父母，你不用担心太多。支持老师，也支持孩子，对两者都予以赞赏。孩子在她的学习过程中应该得到耐心地陪伴和信任。不要让她超负荷，不要向她施加压力，不要责怪她，要使她周围的气氛轻松愉快。学习应该很有趣并且没有太大的压力。

问题4

> 我三岁半的女儿脾气不好。当她在某件事上做得不好时，她哭着说："该死！我为什么做不到？"她从两岁起就一直这样。此外，每次我要她做某事时，如洗脸或其他任何事情，她的举止就像是根本没听见，只是在按照自己的想法做。我该怎么办？

父母最需要的技能是耐心和支持。欣赏胜于责备。一方面，这个年龄的孩子需要发展倾听能力，这不是他们自然而然就会做的事情。另一方面，他们非常以自我为中心并且有坚强的意志。孩子对他们想听和不想听的东西进行筛选是很正常的。如果你想让他们听到你说的话，请耐心并保持一致。

当你要求孩子做某事时，探索一些会激励他们的方法：让事情变得好玩；进行有限的选择（"你打算这样做还是那样做？"）；与他们一起做；对他们进行时间提醒（"再等两分钟，然后我们去……"）；对他们表现出的小进步予以认可和欣赏。

你还可以赞赏她对自己设定了很高的期望。也许，如果你表现出更多的欣赏，她会学会更好地欣赏自己，并接受自己的不完美。对"学习过程"进行重构：告诉她可以犯错。告诉她，她学得很快，她做得很好……请放心，有了这样的意志力，她就会知道如何实现自己的目标。相信你的孩子。并与她订立明确的协议。她不想顺从，她当然需要感到是自己在负责自己的生活和进步。但是你需要设置一些明确的界限，这需要你们进行协商和约定。

问题5

我朋友有一个快三岁的男孩。他现在可以自己去洗手间撒尿，但问题是他不愿意在厕所里大便，他总是要求他的妈妈给他穿上尿不湿。如果在家，这没问题。但是他很快就会上幼儿园，老师不会允许他这样。我的朋友该如何解决这个问题？

孩子的自理和自立是一个学习过程，父母需要做的是提供支持，欣赏微小的进步。在尿不湿和大马桶之间，可以为孩子设计多个过渡阶段。比如使用一个舒适的幼儿小马桶，最好是他喜欢的，可以带他一起去商店让他自己选择。告诉他，你希望他在他必须要使用时告诉你。然后，他可以脱下尿不湿，在小马桶里拉。在他做到时，给予认可和鼓励。他会一点一点地习惯它。

不要责备或施加压力，不要让他对自己感到难过，因为那确实会使事情变得更糟。给孩子一些时间，然后轻轻邀请他为他学习过程的下一步做准备。这不是一个容易学习的过程。当他感受到被爱、被信任和被支持时，情况会变得更好。

请注意你如何让孩子发展自信心和自主权。

问题6

我12岁的儿子读初中一年级。他从不说自己的想法，也从不直接挑战父母，他只是保持沉默。但实际上，他有自己的想法，并且固执己见。他没有明确的目标，只是似乎厌倦了应付功课、每天都很忙的生活。他对自我设置的低标准感到满意，对任何事情都没有强烈的兴趣或主动性。他在考试中表现不佳。当他被建议改变他的学习方法

时，他坚持自己的想法，或者只是假装接受然后走自己
的路。

他具体的能力和才华是什么？他擅长什么？父母应该建立
信任和理解。孩子们承受很大的压力。他们没有反抗，这是令
人惊讶的，但是他们有选择的余地吗？他们需要的是一个更具
激励性的学习环境。他们需要有时间来玩耍和享受生活。他们
需要的是这样一个家庭环境：在那里他们可以呼吸和放松，在
那里他们可以生存并受到尊重。如果他从不表达任何东西，那
么你至少应该花些时间考虑一下你对他的想法、感受和需求的
支持和欢迎程度。

压力和担忧无济于事。要表现出理解和欣赏，而不是担心
和压力。与他们交谈，而不是试图建议他们应该做什么，需要
询问他们如何看待事物，有何感觉……如果你希望他可以有更
多的表达，请给他空间。

这个年龄的孩子可能还没有明确的目标。在学校表现良
好是父母的目标，而不是他们的目标。这是可以理解的。如果
他每天都在认真学习，每天学习到很晚，与学校的作业要求保
持一致，那已经很不错了。他可能不是顶尖的学生（尚未成
为），但并不是每个人都可以成为顶尖学生。

相信他可以拥有他想要的生活。无论如何，请给他支持。相信他的个人才能，不要为他选择他应该瞄准的目标。

问题7

> 一个六岁的男孩在课堂不专心听课，不关注老师，经常和其他孩子说话，没有积极回答问题，不举手……

对六岁的孩子而言，集中注意力可能非常困难。儿童不是以相同的节奏发展这些能力。对于某些孩子来说，学校的节奏和活动可能很难适应。这需要我们了解并认识到，当孩子被强迫跟随对他们而言完全不自然的节奏时，将意味着什么。

同样，重要的是不要责怪他们或对此表示担心，尽可能多地尊重孩子的需求和节奏很重要。我们可以一点一点地训练他们接受学校的节奏，但这需要温柔地耐心和支持。寻找适合儿童需求的方法，也是学校和教师的责任，他们要制定出成功的策略来激发孩子们的兴趣，这是当今学校最缺乏的。这种情况应该一点一点地改变。一种新的教育范式正在兴起，更多样化的教室，团队合作，运动，针对不同兴趣水平的不同选择，合作游戏，同伴辅导等。期望未来的学校教育有所变化。

问题8

　　小学一年级的一个男孩担心学习和生活。其实他逐渐显示出对学习的兴趣。由于注意力不足，他的学习成绩仍处于中等或较低水平。另外，他的家庭有一些经济问题，因此他感到父母的压力。他表现出恐惧与焦虑，缺乏信心。

　　成人的主要任务是发展信任和支持儿童的能力，他们的成长以及他们的技能和才能发展遵循不同的节奏。那是正常的。基本上，人们的态度应当总是："没关系！别担心，要开心！"你可能会说："但是他需要分数，他需要有学业成绩，以确保他能受到良好的教育，得到一份好的工作，并且成功的生活。"放松！如果你的孩子发展自信自主、创造力及与人建立和谐关系的能力，他们将过上美好的生活。忧虑的父母、责备和压力将无济于事，这些只会加重问题而不是带来解决办法。放松并信任你的孩子。看到他们的素质，认识他们的需求，支持他们的小努力，温和而持续地邀请他们去达到他们可以达成的小要求。建立明确的协议，提供奖励。

问题9

我女儿七岁，她无法接受批评。当受到老师的批评时，她只会哭泣或说谎以拒绝承担任何责任。她也不知道该如何对待别人对她的无礼态度。她不喜欢竞争。但是，她有很强的自尊心和良好的学习成绩。我该如何帮助她克服这一障碍？

亲爱的父母，答案永远是相同的：看到孩子态度的好的一面。它们可能不符合传统标准，但是很棒。她不喜欢批评吗？你呢？对她发展一种更加支持的态度会怎样？如何教老师以更具支持性的方式与孩子交谈？好的，有时需要提醒孩子设定规则和要求。但是，我们如何与他们交谈？我们如何让他们参与决策过程？我们给他们什么样的选择？……孩子们在多数时候被强迫进入对他们而言完全不自然的节奏和义务中。

看一下动物训练员如何成功地训练动物。他们必须爱那些动物，必须确保动物享受它们所需的东西。一旦表现良好，他们就会给动物一点点抚触和奖励，以示祝贺。孩子们至少应该被这样对待。这全都在于培养支持性的教育态度，而不是压力和批评。

问题10

　　七岁男孩，小学一年级，性格内向固执，很难管教。例如，他在家庭作业中犯了一些错误，但他不会听从父母的建议改正。他就是对着干，就像他的许多不良习惯一样。

　　好吧，育儿有时不是小菜一碟。有些孩子自我意识很强，"很难管教"。他们必须学习并能够做一些事情。那么，最佳策略是什么，什么有效，什么无效？列出你尝试过但无效的策略，再列出一张有效策略的列表。施加更大的压力是行不通的；大喊或殴打是行不通的；责骂不起作用；诸如"固执""难以管教"之类的标签不起作用……因此，放弃这些策略。你还能做什么？

　　尝试能激发孩子积极性的方法。如何激励？列出你的想法，然后进行尝试。这里有一些建议：

　　·安静地交谈，不提建议，而是提出问题；

　　·询问他们计划如何满足自己的要求；

　　·给他们一些选择，有限的选择，但他们可以做决定；

　　·协商明确的协议并作出明确的承诺；

　　·如果他第二天忘记了协议（毕竟他也许只有七岁），并且想重新协商，不要感到惊讶，准备重新做一遍；

· 如果需要，就遵守承诺进行奖励，并在不遵守承诺的情况下进行处罚；

· 询问他们需要你如何提供帮助；

· 提供支持和赞赏，称赞孩子的素质，认可一点一滴的努力；

· 认可困难（不要视学校的要求为理所当然，它们是困难的！）；

· 提供灵活性，但保持尽可能清晰的节奏和态度的一致性；

· 侧重于已取得的成绩而不是尚未取得的成绩；

· 保持你自身的情绪平衡；

· 承认并欢迎你孩子的情绪；

· 继续爱他们，继续信任他们真正的价值。

问题11

我的孩子七岁，在课堂上不听老师的讲解，只是做自己的事情。他可能有注意力方面的问题。他喜欢可爱的小东西，会反复玩自己感兴趣的东西，直到感觉腻了为止。但他不是自闭症。此外，他无法及时完成作业，父母必须陪伴并帮助他做作业。他似乎很依赖别人：写家庭作业不是他的事，而是他父母的事。

请参考问题10的答案。跟随孩子的节奏，不用担心，不用责备，没有压力。就是用适当的方式来激励。有些孩子快，有些孩子慢。他们都需要全力支持。比起施压和责备，充满爱心的理解他们，会帮助他们取得更大的进步。

问题12

我的儿子四岁，精力特别旺盛。他的运动能力强，身体非常强壮，精细动作则有些弱。他无法集中精力上课，爱打断别人，不能坐下来，缺乏自我控制能力，容易激动，常常因为太激动而不能遵守规则。他的学习能力还可以，但他缺乏耐心。

孩子在四岁时有这些态度很正常。你不能期望所有的孩子都能拥有相同的注意力和学习能力，即使现在的学校系统要求他们如此。有些孩子对此擅长，有些则不行。这绝不意味着那些擅长的将在生活中成功，其他人则不会成功。有时甚至相反：精力充沛且无法控制的人往往更有创造力。他们需要更多时间来学习管理自己的创造力，但是他们会的。所以，保持放松！请认识到孩子是不同的。他们有不同的发展节奏，不同的才能。那些表现出强烈反抗的人，有时似乎具有很强的意志和品格。其他才能将在适当的时机发展。保持信任和支持，这是他们所需要的。

当然，许多技能需要被适时地教给孩子。注意和专心，倾听与合作，善良和冲突解决都是非常有用的技能。我并不是说你应该忽略必要的学习过程，但是你不能指望四五岁的孩子已经掌握了它们。即使青少年或成年人也可能仍在与它们斗争。教育者有责任适时适当地传授这些能力。

问题13

我四岁的儿子今年进入幼儿园。他和其他孩子相处不容易，不想结交朋友，不想与同学分享。他只喜欢一个人玩，不听老师的指示，喜欢四处奔跑，只是在自己的世界里做自己想做的事。有一次有一个孩子只是想和他一起玩，他就以为他要欺负自己，结果咬了那个孩子一口。当我问他最好的朋友是谁时，他说"妈妈和爸爸"。我感到绝望，请给予我帮助。

一些孩子比其他孩子需要花更多的时间进行社会化学习。同样，我们要接受个体差异。这也与教授多少自主能力有关，社会化是一个过程。如果孩子一直在母亲的呵护下长大，直到某一天突然被抛到学校环境中，那对他来说一定会是个冲击。许多孩子在一开始都会抵制学校。

在这种情况下，这个孩子可能需要发展更好的安全感。他在学校可能会感到不安全，在他不认识的人接近时会感到不安全。这可能是一种不安全感的表达。不用担心，只要注意他的需求。你如何处理这一需求？父母可以做些什么来使孩子感到更安全？他周围的情况如何？他有充足的时间看到父母吗？家庭环境是平和温馨、充满爱的吗？他是否得到足够的认可、关爱和支持？这些是需要解决的问题。无须担心，但可以处理这些真实需求，寻找解决方案。

问题14

一个七岁的男孩可以与一两个同班同学相处得很好，可他很难融入团体。他容易与人争执，经常视自己为受害者，感到被攻击。他敏感易怒、情绪化，不善于控制情绪。他怕黑、害羞，但有时很勇敢，喜欢户外运动。他缺乏对课堂的关注，但他对自己感兴趣的事情非常投入。他不善于倾听他人的声音，经常完全沉浸在自己的世界中！期待您的回复。

在这个年龄段，一切都很正常！

是的，他需要发展自己的社交和情感能力。你如何更好地支持他的学习过程？在这些领域中，学校提供了多少创新方法？很少！但这将在未来得到改变，这一切正在发展当中。社会和情感教育必须成为学校教育的重要组成部分，而且教师必须优先接受培训。

你在家里可以做些什么？你如何提供支持并适当解决这些学习过程？专注于发展自尊和自信，予以适当地激励；培养情绪觉察和自我调节能力；培养沟通和解决冲突的技能。与此相关的工具方法都是有的。

但是，所有这些都需要时间！需要耐心和持续的支持。成人仍在学习，为什么我们要求孩子从七岁就掌握一切？

问题15

我四岁的儿子最近告诉我："妈妈，我不喜欢我的眼睛，我喜欢狮子的眼睛。妈妈，我不喜欢我的脸，我喜欢你的脸。妈妈，我不喜欢我的腿，我也不喜欢我的手，它们太小了……"我感到困惑，我能做什么？

首先，微笑，只是欢迎孩子的评论。问问他想要自己长什么样，把这个问题变成一个游戏，让他画出他想成为的样子。

你可以邀请他去探索他想象中的感觉，邀请他进入那种感觉，这可能会给他带来力量感。想象可能有助于使他对自己的身份感到满意。

你还可以邀请孩子认识并意识到自己并不是自己的身体。这只是一个身体，它一直在变化，会很快成长，将经历体验许多不同的形体状态。最重要的是他的内心深处是谁，他具有更深的爱、喜悦和自信的特质。

附录1：

自我评估表

日期：

在0到10之间，我依据下表评估我当下的状态：

我与家人一起时喜乐、关爱、耐心和善良：	1 – 2 – 3 – 4 – 5 – 6 – 7 – 8 – 9 – 10
我维持清晰的家庭节奏和规则：	1 – 2 – 3 – 4 – 5 – 6 – 7 – 8 – 9 – 10
我倾听和认可信息：	1 – 2 – 3 – 4 – 5 – 6 – 7 – 8 – 9 – 10
我欢迎和认可情绪：	1 – 2 – 3 – 4 – 5 – 6 – 7 – 8 – 9 – 10
我用"我"字句表达自我：	1 – 2 – 3 – 4 – 5 – 6 – 7 – 8 – 9 – 10
我不评判不指责：	1 – 2 – 3 – 4 – 5 – 6 – 7 – 8 – 9 – 10
我提问而非强加自己的观点：	1 – 2 – 3 – 4 – 5 – 6 – 7 – 8 – 9 – 10
我示范孩子需要发展的技能：	1 – 2 – 3 – 4 – 5 – 6 – 7 – 8 – 9 – 10
我保持家庭整洁、物归其位：	1 – 2 – 3 – 4 – 5 – 6 – 7 – 8 – 9 – 10
当我犯错时，我认可自己的错误：	1 – 2 – 3 – 4 – 5 – 6 – 7 – 8 – 9 – 10
在有冲突后协商双赢方案时，我练习"明确的信息"：	1 – 2 – 3 – 4 – 5 – 6 – 7 – 8 – 9 – 10
当其他人有冲突时，我调解并帮助寻找解决方案：	1 – 2 – 3 – 4 – 5 – 6 – 7 – 8 – 9 – 10
我在家庭中创设合作氛围：	1 – 2 – 3 – 4 – 5 – 6 – 7 – 8 – 9 – 10
我为合作性地解决问题而提出建设性建议：	1 – 2 – 3 – 4 – 5 – 6 – 7 – 8 – 9 – 10
我欣赏家庭成员：	1 – 2 – 3 – 4 – 5 – 6 – 7 – 8 – 9 – 10
我自身情绪稳定：	1 – 2 – 3 – 4 – 5 – 6 – 7 – 8 – 9 – 10
我在学习过程中重构错误：	1 – 2 – 3 – 4 – 5 – 6 – 7 – 8 – 9 – 10
我无施压地分享感受、需要和请求：	1 – 2 – 3 – 4 – 5 – 6 – 7 – 8 – 9 – 10
我帮助孩子发展其自主性：	1 – 2 – 3 – 4 – 5 – 6 – 7 – 8 – 9 – 10
我安于当下并保证有时间与家人在一起：	1 – 2 – 3 – 4 – 5 – 6 – 7 – 8 – 9 – 10
我持续学习和成长：	1 – 2 – 3 – 4 – 5 – 6 – 7 – 8 – 9 – 10

提示：把当下的状态与先前和之后的评估做对比，观察自己的进步。

游戏和活动

1. 闭眼驾车

2. 唤名盲行

3. 自我介绍活动："我是我"

4. 分享圈规则

5. 生日排队

6. 小发动机

7. 接纳圈

8. 喜欢-不喜欢圈

9. 倾听与复述

10. 合作绘画（一次一笔）

11. 换椅子

12. 合作数数

13. 好消息圈

14. 一次一词

15. 用三个词编故事

16. 心有千千结

17. 谁是引领者？

18. 可可坐得舒服吗？

19. 如果我是一个动物

20. 自我探索

21. 图片说

22. 对话演示

23. 选择轮

24. 表达明确的信息

25. 欣赏圈

26. 你有什么特别的才能？

27. 一次成功的体验

28. 雕塑

29. 团体绘画

30. 看不见的球

31. 讲故事游戏

32. 引领盲人

1. 闭眼驾车

时长：10～15分钟。

年龄：5岁以上。

步骤：两两配对，确定谁是A谁是B。

A先扮演车，闭上眼睛，双手放在胸前确保安全。B来驾车，站在A的身后。B不能说话，不能触碰A的肩膀等身体部位。B只能通过一根手指来开车，在A的后背上用食指发出信号。

手指在脊椎上往下划=前进；

在脊椎部位捣点=停车；

在右肩上画横线=右转；

在左肩上画横线=左传；

轻轻触碰头部=倒车。

清楚地演示，让每个人都看清楚。

"保证安全！这是一个关于信任的游戏，不要发生任何事故。"

一组进行2～3分钟，然后互换角色：A驾车，B扮演车。

2. 唤名盲行

时长：10～15分钟。

年龄：5岁以上。

步骤：两两配对，确定谁是A谁是B。

B站在A对面。A闭上眼睛，双手在胸前保证安全。B一边移动一边会叫A的名字且只叫对方的名字。A跟随声音移动。B移动，A跟随……（简短演示）

2～3分钟后，换角色：B闭上眼睛，A叫B的名字，B跟随……

用一点时间分享有关这个游戏的感受和洞见。

3.自我介绍活动："我是我"

时长：10～15分钟。

年龄：5岁以上。

参与者人数：3～5人一个小组。

1）在你的团体中分享：三件你愿意分享的有关你自己的事情（比如你感觉其他人应该知道的事情，或者你有的特别技能、兴趣、愿望）。

2）团体绘画（保持安静）：为每个小组准备好一张大白纸和若干彩笔。告诉大家不能说话，自发地绘画表达出"你是谁，你有怎样的感受，在小组中当下你和每个人有怎样的关系"。

3）在大组汇报：你感受如何？你在这个过程中学到什么？

你是怎样表达自己的存在，又是怎样让每个人拥有他们的空间的？

4. 分享圈规则

时长：10~15分钟。

年龄：4岁以上。

给团体带领者或促进者的提示：当一圈人一起会见并交流时，就形成了一个分享圈。这种交流有其要求，必须要妥善管理。确保交流规则被清晰识别和遵守。

规则（需要经常提醒！）：

1）我们接受保持在场，在分享时不离开团体；

2）我们同意一次只有一个人发言；

3）我们接受只在获得说话机会时发言（用一个物体当作"话筒"是有帮助的）；

4）我们同意不打断、不干涉正在说话的人；

5）我们接受看着正在发言的人，给予对方完全的关注；

6）我们同意发言时对着整个团体说话（而不是特别对着某一个人）；

7）我们同意当有人发言时不交头接耳；

8）我们同意用"我"字句陈述表达自己，避免指责或暴力言语；

9）我们同意遵守时间限制，注意他人需要时间表达的需求；

10）我们同意尊重所有被表达的，并保持积极的态度。

5. 生日排队

时长：10～15分钟。

年龄：8岁以上。

步骤：团体围圈而站。

带领人引导："这是一个安静的游戏，不能说话。目的是我们所有人都用语言之外的其他方式进行交流。现在，请大家按照自己的生日进行排序，年纪最大的在这里，然后一直排序到年龄最小的。如果同年同月同日生，那就必须要精确到出生的具体时刻。最后核查时站错了地方的，我们会请他来到中间为我们跳支舞。"

当所有人都找到自己的位置后，我们依次核查生日，必要时从年份、月份精确到日期或具体时刻。

6. 小发动机

时长：10～15分钟。

年龄：5岁以上。

参与人数：至少6人。

目标：热身、合作。

准备：你需要准备好可以放在每一位参与者头顶上的小物件，比如彩笔、纸杯、沙包……不能是掉下来会摔坏的东西，也不能是在头顶上过于稳定的东西。

流程：

参与者头顶着某物件（不允许粘或系在头发上）自由走动。

这个小物件就像是让参与者移动的发动机，如果发动机落地，参与者必须立即"冻住"，不能再移动。他们必须要等待，直到有人帮助他们捡起掉落的发动机并重新放回他们的头顶（助人者必须要注意不能让自己头顶的发动机掉落，否则他们也必须"冻住"）。所有人在整个过程中不能触碰自己的发动机。

变式：可以指定一或两个"技师"，他们的眼睛是被蒙住的。丢失发动机的游戏者可以请求技师的帮助，这些看不见的技师必须要去找到掉落的发动机，并把它们重新放回到相应的求助者的头顶上。

7. 接纳圈

时长：15分钟。

年龄：5岁以上。

团体设置：游戏者至少6人，围成一个大圈，彼此之间的距离不要太近。

　　介绍：带领者做一个自发的动作和声音，这个动作和声音会在圈里依次传递。游戏的目的是在这个"动作和声音"传递时，模仿彼此。但是需要注意的是，我们并不是要去模仿最初的那个动作和声音，我们必须要尽可能准确复制的，是紧挨着我们的相邻的成员的动作和声音。应当模仿出这个相邻者所做出的任何的变化，我们按照顺时针顺序来做这个活动，所以就是模仿你左边这一位。转向左边，看着你的左邻，然后转向右边，模仿出你左邻刚刚所做的。清楚吗？

　　当一圈轮流完毕，最开始做动作的人重复了他左边的人的动作和声音（可能是和最初的动作和声音完全不一样）。然后下一个人可以开始一个完全不一样的全新的动作声音。这个游戏可以继续玩下去。

　　注意左边和右边：尽可能准确地模仿。注意观察和倾听游戏者在开始呈现或之后的细微的声音、犹豫或叹息，等等，这些都应当被下一位纳入模仿之中。

　　流程：带领者转向右边，以一个动作和声音开始（比如发出"呲，咔，呜"的声音或摆动双臂侧着走。注意动作和声音不要太简单，也不要太复杂！）

　　下一位尽可能地模仿，然后传向再下一位，依次轮流。

注意：如果参与者多于10名，你们可能只能做3至4轮。如果大家未能准确地跟随，停下来重复一遍指导语。

回顾和分享：这个游戏可以用来做什么？（这是一个关于注意力、观察、精准的动作等的游戏。）你观察到什么？（人们会倾向于歪曲信息。）你从中有怎样的学习？讨论我们是怎样倾向于歪曲信息的。（在我们表达了什么、看到了什么、记住了什么以及我们想要表达什么，与我们真正表达了什么之间有很大差异，经过了很多步骤，我们会歪曲原初的意思。）

8. 喜欢–不喜欢圈

时长：10～15分钟。

年龄：4岁以上。

参与者人数：6～20人。

目标：自我表达、倾听、关注、语言学习。

场地设置：至少6名参与者站立围成一个大圈，彼此之间的距离不要太近。

流程：

大家轮流迈进圈里一步，说一件自己喜欢的事情。那些和发言者有同样喜好的人也向圈里迈一步，然后大家都退回到原来的位置。

在一轮之后，我们可以改变指导语，"说一件你不喜欢的事情"。

我们也可以以不同的指导语继续探索，比如：

· 我擅长的一件事……

· 我不擅长的一件事……

· 一件我希望能够去做的事情……

· 当……时我感到伤心。

· 当……时我感到害怕。

· 当……时我感到高兴。

9. 倾听与复述

时长：15～20分钟。

年龄：8岁以上。

参与人数：3～5人一组。

目标：倾听、复述信息、认可每一个人的想法。

需要的材料：说话棒，如果没有合适的，一根"筷子"或一支笔皆可。

流程：分组，并演示怎么做。

各小组成员围圈而站，彼此不要太靠近。由其中一名成员开始，拿着说话棒，对某一给定的主题（比如"我梦想的国家"）分享至多一分钟（对于年幼的参与者，2～3句话即可）。这个给定的话题也可以与团体里已经讨论过的事情有关，像是对某一问题的回答或是对一个共同项目的建议，等等。

当分享结束时，下一名成员拿着说话棒复述刚才的信息，要尽可能准确。两人同时握着说话棒。只有当第一名发言人对复述者的复述感到满意时，复述者才能够把说话棒给出去。如果需要，第一名发言人还需要重述缺失的信息。依次轮流，直到所有人都分享了对某个主题的回应。

分享：大家感受、观察或学习到什么？

10. 合作绘画（一次一笔）

时长：15～20分钟。

年龄：6～7岁。

目标：合作、接纳、创造性。

材料：每个小组一张A3大小的纸，彩笔。

流程：两两配对（也可以三人一组进行），给每个小组发放纸笔。

每个小组的成员都安静地一起画画，每人每次只能画一笔，大家轮流画。一笔的意思是指把笔放到纸上直到提起笔这个过程。一次只画一笔，而不是一直不提笔一次画完整幅画！所以，两位（或三位）"艺术家"共同创作、轮流绘画，保持静默，在对方给予的信息中构建，接纳任何呈现出来的内容。准备好了吗？不可以说话了！

画的主题可以是给定的：一个人物；一个有趣的动物；一座有意思的房子；一个好玩的花园……

绘画时可以播放一些轻音乐，时长约15分钟。

结束前，让参与者对他们的作品命名。依然保持静默，一次一个笔画或一个字母。

分享：感受、观察、学习。

11. 换椅子

时长：约10分钟。

年龄：5～6岁。

参与人数：6～8人。

流程：参与者围圈而坐。请一个人站在圈中央，并拿走一把椅子，即椅子比总人数少一把。站在圈中央的人说出他拥有的一个特质，比如穿红色衣服、皮鞋、靴子，戴眼镜，长发等。然后拥有同样特点的人需要移动并寻找新的椅子坐下。可以说"和我一样……的人换椅子！"这些人必须尽快移动寻找新座椅。站在中央的人同样试图坐到一把空椅子上。没有找到椅子的人成为下一个召唤者，但不能说同样的特点。这些特点也可以是心理特点、技能、喜好、社会特质，等等。

12. 合作数数

时长：15～20分钟。

年龄：8岁以上。

设置：成员围圈而站，团体至少6人，至多12人。

引导语：请成员低头看圆圈中心位置或闭上眼睛。游戏目标是小组成员在没有任何形式的言语或信号沟通的情况下，连续从1数到20。任何人都可以报下一个数字，不能有任何固定模式比如轮流报数。如果有两个人同时报数，小组必须要重新从1开始报数。

分享：你有什么观察、感受和学习？什么可以让你做得更好？

变式：

1）尽可能多地数数。

2）一起数数。所有人异口同声一起数数，彼此相视但不能说话。如果未能同时，则需要从1重新开始数。

3）一次一词。"现在我们不再数数了，你们要说一个词，一次一个词，但是必须要有逻辑性。一个词接着一个词，你们要创造一个有意义的故事。注意，一个代词也是一个词！不过，在这个活动中，如果两个人同时说出了一个词，这个词不算。其他人可以接着说新词。清楚吗？"（简单变式：只是每人轮流说出一个词。）

13. 好消息圈

时长：10～20分钟。

年龄：7岁以上。

设置：围圈站着或坐着。

每个人轮流说一个最近的好消息或他们经历的好事，大事小事大小皆可。

这个活动最适合小团体，如果团体人数超过6人，可以分成小组。这个活动可以作为常规活动反复做。这个活动是开启一个聚会或工作会议的极佳方式，邀请分享与敞开，或者只是创设一个积极的氛围。

14. 一次一词

时长：10～15分钟。

年龄：7岁以上。

设置：围圈站立或坐下。成员从3人到12人。邀请参与者仔细地倾听彼此，并不是必须要注视彼此。

引导语：这是一个关于自发性和创造性的练习。目标是让参与者尽可能快地说一个词，不要进行太多思考，一起编出一个故事。如果两个人同时说出词语，这个词不能算。要由另外的人继续说出下一个词。

注意：即使一个小词也算是一个词。

可以从"很久以前"开始，但这是两个词，应该由两个人来说。清楚吗?

让参与者玩大约5分钟，直到你觉得该结束了，或者故事有点不知所云，或者在参与者感觉到玩腻了之前结束。

变式:

1）让参与者按照次序轮流接龙编故事。

2）给一个不一样的开始，比如"我在一个星期天的早晨醒来……"。

3）让参与者给出2～3个词语，甚至是一个完整的句子。

4）也可以是两两配对玩，两个游戏者轮流说一个词编故事。

15. 用三个词编故事

时长：约10分钟。

年龄：6岁以上。

参与人数：至少两人，在团体中两人一组。

引导语：两两配对，轮流用对方提供的三个不相关的词语编故事。

两两配对后，面对面站好。确定谁是A、谁是B。A先提供三个词语，B开始用这三个词语讲故事，A没有任何打断地倾听。

注意：提供的词语可以是名词或动词，可以是物件、动作或感受等任何词语。不过，不要刻意找最挑战的词语。注意编出有意义的富有创造性的故事。

当故事讲述者灵感枯竭时，可以问"后面发生了什么？"伙伴可以再给三个新词。

变式：这个游戏可以在或大或小的团体中进行。如团体中的三个成员分别给出一个词语，由某个成员基于这三个词编故事。

分享：探索一些问题，比如你感觉这个活动是容易的还是困难的？你在多大程度上在控制你自己？你对你的故事感觉如何？你对你伙伴的故事是怎样的感受？……

提示：提醒游戏者尽可能地自发呈现。

16. 心有千千结

时长：10～15分钟。

年龄：6岁以上。

流程：成员围圈而站，一组不要超过12人。让成员紧紧靠在一起，甚至肩膀可以贴在一起，然后所有人把胳膊平平地伸向圆圈中心，大家的手可以触碰、交织在一起。"现在，听清楚，我将会数1、2、3，当我数到3，请你的双手分别温柔地抓住另一只手。注意，请不要抓同一个人的两只手，也不要抓紧邻你的成员的手。清楚吗？1、2、3！现在，你们形成了一个"团体结"。目标是在不松手的情况下解开这个结，重新围成一个圈。请你们探索寻找解开这个结的最好的方案。

注意：

1）如果一个组被缠绕在一起，试图找出一只手可以临时解开缠结帮助团体渡过难关。

2）有时候一个小组会形成两个圆圈，那是可以的，因为没有什么方式可以让他们全部连在一起。

对年幼参与者的变式：

1）请一个孩子在圆圈之外，给予引导或在团体打结时提供帮助。

2）请参与者围圈而站后拉手让团体缠结在一起，让一个圈外者解结，把团体带回到圆圈状态。

17. 谁是引领者？

时长：10～15分钟。

年龄：8岁以上。

参与者人数：10～20人。

流程：让一个志愿者离开房间（确保他不会偷看或听见）。团体其他人围圈而站，他们指示一个人为引领者，这个人要试着不被发现。引领者必须引领一些具体而明显的动作，整个团体模仿他但不能过于明显地注视他。动作需要尽可能保持变化。可以是任何动作，比如挠痒或拍身体某个部位，移动手或脚，拉小提琴，揉眼睛，等等。然后请志愿者进来。志愿者需要猜出谁是引领者。他至多有三分钟，共有三次机会。如果他没有猜出来，就必须要表演个有趣的小节目（跳舞、模仿，任何能使团体大笑的事情）。如果他猜对了，引领者就出去成为下一个志愿者。

18. 可可坐得舒服吗？

时长：10～15分钟。

年龄：5岁以上。

参与人数：6～20人。

提示：这个游戏需要参与者已经熟悉彼此的姓名和声音。对于年龄大些的参与者，要确保他们能够尊重彼此。

过程：参与者围圈而坐。一个参与者在中间，眼睛被蒙上，他就是"可可"，带领者将可可转几圈以让他失去方向感不能判断谁坐在哪个方位（其他参与者也可以安静地互换位置）。然后，看不见的可可必须要走向一个人坐在对方的膝盖上，那个人需要问"可可坐得舒服吗？"要尽可能地变声，让可可不那么容易辨识出来。

可可能猜三次。在可可猜一次而没对之后，那个声音应当再说一遍："可可坐得舒服吗？"如果可可猜对了，刚才被猜出来的参与者就成了下一个新的可可。如果可可没有猜出来，他应当再试图坐到另一个人的膝盖上接着猜。

变式：在家庭环境里，如果大家对彼此已经非常熟悉、参与者不是太多的情况下，可以选择让可可说"可可坐好了吗？"那个让可可坐在自己腿上的人只能回答"是"。让可可来猜出是谁，这对可可来说可能有点挑战。

19. 如果我是一个动物

时长：10～15分钟。

年龄：4岁以上。

引导语：轮流分享"如果我是一个动物，我会……"

分享的内容有：

· 我会有怎样的感受？

· 我会喜欢做什么？

· 我会不喜欢做什么？

· 关于我的最好的事情是什么？

· 关于我的最糟糕的事情是什么？

· 我将会怎样表达或行动？

· 其他的描述：

分享之后，请参与者在场地中走动，就像他们希望成为的动物那样行走，用它们特有的动物叫声彼此打招呼。

20. 自我探索

时长：10～15分钟。

年龄：10岁以上。

引导语：以下问题可以用不同的方式进行探索。活动带领者可以选择3～4个最适合的问题在团体内探索。可以是两人一组、多人一组或整个团体一起探索；也可以选择把问题写在卡片上，让参与者各自写出自己的答案，然后在小组或大组面前读出来。不论是怎样的方式，它们都是探索和分享的好主题。主要的目标显然是让参与者可以就个人议题表达自己，倾听彼此。

提示：在进入这些个人化的探索之前，有必要让团体熟悉分享圈规则。带领者要指示参与者不能以任何方式打断说话者，不能评论或回答。每人轮流分享，每个人为自己说话。倾听者只需要聚精会神地倾听。还要确保团体足够安全，相互尊重和支持。

– 说说你生命中特别开心的一天。

– 说说你生命中特别艰难的一天。

– 说说你有过的一次感觉真正害怕的经历。

– 哪些小事情会真的让你感到沮丧、击倒你？

– 说一件让你真的感到尴尬的事情。

– 什么样的才能或技艺是你想要拥有的？

– 什么会让你感动流泪？

– 什么让你对世界的未来保持乐观？

– 说说你曾经感觉到愧疚的一个情境。

– 什么样的情境会让你倾向感觉到压力？

– 你最美好的童年记忆是什么？

– 在你生气时，你可以做什么让自己安静下来？

– 什么地方让你感觉最有力量、最能激发你？

– 说说最近一次你为自己感觉骄傲的时候。

– 说说某个情境如果再次发生，你将会有怎样不同的行动或反应。

– 什么是你日常喜好的开心时光？

– 如果中大奖，你会做的第一件事情是什么？

– 最经常浮现的焦虑是什么？

– 近几年你最大的、最强烈的愿望是什么？

21. 图片说

时长：20～40分钟。

年龄：5岁以上。

准备：依据某一主题提供一系列适合参与者的图片。比如一系列动物图片、面部情绪图片、环境图片等。

设置：把这一系列图片放在桌子或地板上，可以放在房间的旁边或者置于圆圈中间。如果你不想要参与者拿卡片，可以给卡片编上号。或者参与者可以拿取其中一张后回到自己的位置上，这种情况意味着将减少其他参与者的选择。

引导语：

– 请走到桌边，用几分钟在静默中浏览所有图片。

– 然后，选择最吸引你、给你最深刻印象的1～2张图片，不管是积极的还是消极的。记住这个图像，然后回到圆圈里。（或"选择一张图片，拿上这张图片然后回到你的位置"。）

分享：带领者邀请参与者表达他们的感受以及对自己选择的印象。他们为什么选择这张图片？这张图片引发了他们怎样的感受？

明确说明回答并无对错之分，对表达的内容应无任何评判。每个参与者都可以自由分享他们的所思所想。

讨论：当图片被编号，有很多参与者时，有些人可能会选同一张图片，带领者可以强调激发选择的众多不同的理由，与所选主题关联的议题、疑问、需要等都可以成为图片选择的理由。

22. 对话演示

时长：10～15分钟。

年龄：8岁以上。

流程：请两位志愿者来到前面或圆圈中间，请他们就一个给定的主题（选取你工作所面对的受众的典型话题）进行对话。对话应当持续3分钟。请团体观察倾听和谈话技巧，但无须任何评判，只是留心注意他们做了或没有做什么，包括身体语言。告诉志愿者他们不必表现良好——演示错误的倾听技能也是非常有帮助的。

结束后，感谢志愿者，询问他们对练习有何感受。让他们分享他们自身的观察，以及他们从中学到了什么。

请团体成员分享他们的观察：什么是好的谈话技巧，什么是好的倾听技巧？哪些有用，哪些无用？当他们在交谈时，他们在做些什么？在看什么？他们的声音听起来是怎样的？他们倾向于同时说话吗？

你可以请他们或者在白板上列出并记录下来好的说话和倾听技能。

23. 选择轮

时长：30～40分钟。

年龄：7岁以上。

准备：白纸、彩笔。

流程：介绍"选择轮"；就即将用来做"选择轮"的某一主题进行头脑风暴；制作"选择轮"海报；练习"选择轮"。

1）介绍

选择轮是一个解决问题的工具。它提醒我们可供选择的不同的解决方案。这些不同的选项被画在饼状图中。饼状图根据需要可以被切割成多块，看起来就像是比萨饼。每一部分提供一个解决方案，列举出关键词，用图画呈现。你可以在现场短时间里制作一个选择轮作为范例。

2）头脑风暴

我们所面临的问题的解决方案是什么？我们可以怎样做得更好？让我们找一些更好的主意。

欢迎所有的建议。然后划去表中无效的选项，保留少量最有效的选择，选择那些积极地有实操行动的、具体可行的方案。

3）制作海报

邀请参与者制作饼状图海报，如有必要则分为3～5人一小组，根据找出的解决方案数划分饼状图。每个部分都提供一个解决方案，列出一个关键词并画出示意图。现场做示范。

限定时间：至多20分钟。

当海报制作好后，花一些时间分析这个过程。讨论如何更好地应用这个工具。

寻求清晰的承诺。

4）练习

解释选择轮是一个解决问题的工具，在任何需要的时候都可以用。妥善地呈现并提醒，以便在需要时可以应用这些解决方案。

注意：这个活动可以运用在家庭或任何团体产生的各种类型的议题或问题上。

24. 表达明确的信息

时长：约30分钟。

年龄：7岁以上。

介绍：

当我们与人发生冲突时，可能感觉受伤或愤怒，这个时候澄清如何沟通是重要的。我们可以选择应用一个非常简单的冲突解决的程序。

1）我们的感受：（当你……）我感到……

2）我们的需要：（当你……）我感到……

3）我们的请求：可以请你……吗？

4）我们还可以添加：你理解我所说的吗？

这就是我们所说的"陈述一条清晰的信息"。我们选择安静清晰地说话，而不是大叫大嚷。我们只是谈论自己，而不是攻击他人。我们关注表达自身的感受和需求。当一个人清楚明白地陈述他的信息时，他人便可以认可，并进而可以陈述有关自身的明确信息。

当彼此交换了清晰的信息时，人们便可以处在更佳的立场上识别更为创造性的解决方案而不是彼此争论，以便协商一个双赢的解决办法。

– A开始：1-陈述事实：当你玩我的玩具。

2-陈述感受：我感觉沮丧（"我"字句陈述）。

3-寻求认可：你可以理解吗？

– B回答：1-当我玩你的玩具。

2-你感到沮丧。

3-我可以理解。

– 然后B表达他的视角（是的，但是……）

1-当你从我的手中夺去那个玩具。

2-我感觉非常生气。

3-你可以理解吗？

– 然后A回应：

1-当我从你的手中夺去玩具。

2–你感觉生气。

3-我可以理解。

练习:

为了更明白这一点，让我们角色扮演有冲突的两个人A和B，A要陈述一个清晰的信息，B将对这个信息予以接纳和认可，然后陈述一条清晰的信息。

在A和B正确地表达了信息之后，他们可以探索："我们可以有什么更好的主意？我们可以做些什么让我们彼此都感觉被尊重？"

用一点时间分享练习的体验，让参与者表达他们所观察到的。

青少年的"明确信息"：

青少年一旦熟悉冲突解决的方法，你就可以邀请他们加上表达他们的请求需要。这样，明确的信息就变成:

– 当你说或做……　　　　观察、事实

– 我感到……　　　　　　我的感受

– 因为我需要……　　　　我的需要

– 所以可以请你……　　　我的请求（一个积极开放的提问）

– 你可以理解吗？　　　　邀请认可

对方然后可以回应：

– 当我说或做了……

– 你感到……

– 你想要……

– 我理解。

但是当你……

提示：青少年如果未曾有过表达感受这方面的训练，他们可能会难以表达感受。一步步来，作为一个学习过程，可以先跳过感受这个部分，只是邀请他们表达需要和请求。这样就可以导向一个更好的立场以协商双赢的解决办法。

25. 欣赏圈

时长：10～20分钟。

年龄：6岁以上。

活动目标：

– 强化自尊。对欣赏者与被欣赏者皆是如此。

– 强化并积极提升团体中的联结感。

– 提升能量和打开心扉。

介绍：欣赏是指对他人的积极、真诚的表达，包括感谢或祝贺。这是指发自内心的言语，而不应该指向任何的建议或评论。在对对方说的时候，要求脸对脸，保持目光接触。对于年幼的儿童，给出一个具体的句式可能是有帮助的，如"某某某，我谢谢你（或我真的欣赏你）"。接收欣赏的人除了说"谢谢你"，不应给予其他任何的回应。

如果你在团体里工作，也可以进行讨论或做一个头脑风暴的活动：

– "什么是赞美，欣赏？"

– "对什么样的事情，我们可以表达欣赏？"

– "当我们接收到赞美时，我们是怎样的感受？"

– "当我给予赞美时，我们是怎样的感受？"

设置：团体围圈而站。

引导语：

一次一个人，参与者可以去到他们选择的人面前，站在对方面前，表达欣赏，然后回到自己的位置。邀请说话者声音足够响亮，以便让每个人都能听清楚。聆听者不需要回应，除了说"谢谢你"。

变式：

1）如果是一个更大的团体，你可以选择请接收欣赏的人去下一个人面前表达欣赏。只要是已经接收过并给予欣赏的人，就可以坐下。这种方式可以让所有剩下的人都有一次机会接收并表达欣赏，不会遗漏任何人。

2）在特殊场合（如生日派对），被祝贺的人可以到圆圈中央，圆圈里的每个人可以轮流表达欣赏，如"我喜欢你（或谢谢你）"。

对带领者的提示：确保通过充分的练习来"演示"欣赏的能力。

26. 你有什么特别的才能？

时长：30～45分钟。

年龄：8岁以上。

材料准备：每人一张纸、一只彩笔。

流程：

1）两两配对，确定谁是A、谁是B。

A先问B一个问题，B要持续地探索（5～8分钟），直到时间结束。当B停下时，A可以再次温和地提问，邀请B进一步探索。倾听者不做其他干预，仅仅是支持性地倾听。同时，A将写下B所提到的才能和技艺。

"这些才能是你擅长的任何方面，不论是在家里还是在学校，只要是你有天赋的方面，不仅是你所"做"的，也可以是你对自己或他人的态度……"

A："你有哪些特别的才能？"

B："我有……的能力"

（每个人至少5分钟）

写下关键词。

2）画一幅画。当两人都探索过了他们的才能后，他们就可以分别为自己的伙伴画一幅画。在画画过程中保持安静。这幅画应当有一种艺术性的表达，比如画成曼陀罗形、花形、太阳、一棵挂满果实的大树、天空中的云朵或泡泡，等等。请他们把伙伴的姓名写在画上，并留下一些空间供后续添加新的才能。

结束后，伙伴交换他们的画作，用一些时间来欣赏。如果是在一个团体中，则请他们浏览每一幅画作，将画作展示出来或张贴在墙上。

3）寻觅才能。请每个人继续观察其他更多的才能和技艺，不论是观察自己的还是团体中其他人的。在这一整天甚至一个星期里，他们可以不断地在画作上添加自己或他人的才能。

4）分享。在适当的时候，用一些时间分享有关这个活动的感受和启发。这个活动是怎样改变了你们对彼此的看法，改变了家庭或团体的氛围？

27. 一次成功的体验

时长：20～30分钟。

年龄：8岁以上。

流程：两两相对而坐，访谈彼此的一次有价值的经历。各自先简要书写，然后分享，5～10分钟后交换角色。

– 找出你想要谈论的事件或活动。

– 在那次经历中你展现了什么能力或品质？

– 这些得到他人认可了吗？

– 什么让你特别满意？

– 你遇到什么挑战或困难？

– 你从那次经历中学习到什么？

分享这些感受和洞见。

28. 雕塑

时长：15～20分钟。

年龄：8岁以上。

设置：两两配对，在场地中散开，确定谁是A、谁是B。

引导语：这是一个非语言的练习，整个过程都要保持静默。A先做雕塑师，B是"陶土"，要被A用来雕塑成一个作品。雕塑师要确保作品保持在一个相对舒服的姿势，可以持续做出这个动作几分钟而不至于太过有压力。雕塑师根据自己想要表达的感受对"陶土"的整个身体形态进行雕塑，尤其需要注意面部表情。B就只是"陶土"，不得不让自己被塑型，不应有任何主动性。让雕塑师根据自己的灵感来决定。整个过程

不说话。雕塑师不会演示要摆出什么造型。雕塑师必须要通过
自己的双手来工作，陶土在预先设定的一个姿势上等待着被塑
型。清楚吗？

你们有几分钟来完成这个雕塑。当你准备好，请来到中
间。当所有雕塑师都做完后，大家一起参观这些雕塑。每位雕
塑师介绍自己的创作，解说他想要表达的意图。在参观完后，
交换角色。

提供主题：给雕塑师一个具体的主题可能是有帮助的，A
和B可以有不同的主题。比如，A雕塑痛苦、无力、受伤的内心
状态，而B雕塑充满力量、强壮、自信、关爱的内心状态。

变式：3~5人一组，一位雕塑师，数位陶土演员。雕塑师
可以做一组雕塑。既可以是一个开放自主的主题，也可以有特
定的议题，比如说家庭中经历的冲突情境。雕塑出态度（比如
一个是受伤的人、一个是攻击的人、一个是无力的观察者），
用具体的身体语言呈现和表达。雕塑之间可以通过静态非言语
的方式呈现某种互动。之后可以通过讨论帮助澄清问题情境。
理想而言，雕塑师不应雕塑他们自身的角色。

29. 团体绘画

时间：20~30分钟。

年龄：5岁以上。

准备：纸、铅笔、马克笔或颜料。

步骤：

3～6人一个小组，每组有一张大白纸和若干彩笔。组员在沉默中绘画，不做任何交流。有几种选择：

1）你可以让组员一起自由绘画，请他们观察每个人是如何呈现自己的。

2）你可以邀请一个团体就一个特定的主题（一座奇妙的房子，一个游乐场，幸福的一家，不幸的家庭……）进行共同创作。

3）你可以请组员每人轮流绘制一幅画的某个具体方面。在这种情况下，你可以给每个人一张纸，每5分钟或任何你觉得合适的时间，纸张就可以传递给下一个人，都是接续作画，每个人在前者的基础上添加新的元素。例如，要求第一位画作为背景的远山，不需要细节，留有空间给其他人。然后每个人都把画传递给下一个人，这样每个人都得到上一个人画的不一样的远山。下一个主题是在这个背景上画一个建筑物。绘画者应当总是要尊重前面的人已经画的部分。5分钟之后，他们传递纸张，在上面添加人；之后再次传递，添加交通工具（汽车、卡车、飞机、船……）。在再次传递后，依然在尊重他人创作的基础上，画出一个自己想象的令人惊讶的东西。最后传递之后，画结束前的最后一笔。

分享：你在这个活动中体验如何？你能够占有你想要的空间吗？你的绘画反映出你自己的什么吗？为什么？

30. 看不见的球

时长：15～20分钟。

年龄：6岁以上。

描述：

围圈而站，至少6人，至多15人。

1）颜色。带领者假装手上拿着一只看不见的隐形球，并解释说，"你将看着某个人并把这只隐形球扔给对方，那个人必须要抓住球，然后接着扔给另一个人。这个过程中不只是扔球，同时也要说出一个词语，接球的人在接球的同时要记住这个词语，清楚吗？"要强调目光接触的重要性。然后示范在扔球时说出一种颜色（如"红色"）。接球者在抓球的同时重复"红色"表示记住了这个词，然后把这个词接着往下传。这个球和词在圈里稳定地传递开来后，可以再抛进一个"蓝球"。如果团体足够大，可以再加入"黄球"。

2）声音。"现在，我们在扔球的同时发出一种声音。我们必须要重复这个声音，然后在把球传给下一个人的同时再发出一个不一样的声音。注意，是先重复一个声音，然后发出另一种声音！尽可能快地传递。"

3）词语。"现在我们可以'扔'词语，任何你头脑中出现的词语。你也可以抛出'抽象'的词语，如表达感受、心情、需要、品质、愿望等的词语。你还可以探索'扔'不同种类的词语，比如动物、地理名称、外语词汇。"

4）联想。对于年龄较大的儿童，你还可以探索联想活动。接球者不是重复别人抛出的词语，而是在接球时自发地说出那个词语的联想词。所以你不再是重复同样的词汇，而是获得一个联想词。然后，你'扔'出另一个词语。比如，你"接住""大树"，"扔"出"绿色"；"接住""女孩"，"扔"出"美丽"；"接住""蓝色"，"扔"出"天空"……清楚吗？

分享感受：你在多大程度上让自己处于自发状态？你观察到什么？

31. 讲故事游戏

这里有一些供你和孩子一起创造性地讲故事或写故事的活动。

1）填词游戏

每个人都在纸片上写一个小故事，中间空出几个词。然后把纸对折，写清有多少词语需要填写。具体要求见下面的例子。让他人在不知具体故事的情况下写出词语。然后每个人打开自己的纸片，用别人写好的词语读出自己的故事。

例如：

一天，一个叫格列佛的① _____去到② _____。

他太喜欢这个地方了，所以他买了一个③ _____，并与他的④ _____分享。第二天格列佛又回到这里，花50美元买了一个⑤ _____。他把这作为礼物送给他的⑥ _____，他们说⑦ _____。

每个需要填写的词语，我们给予一些提示供孩子思考和联想：

①一种生物：

②一处地点：

③一种物品：

④一种生物：

⑤一种物品：

⑥一种生物：

⑦一个言语信息：

让每个人大声朗读出自己的有趣故事。

2）团体讲故事

所有人围圈而坐，大家进行故事接龙。由一个人开始讲故事，在他想要的时候，就可以问"接着发生了什么呢？"或者只是停下来，他旁边的下一位接着编这个故事。

3）三个词编故事

请参见这一系列游戏中的单独描述。

32. 引领盲人

时长：15～30分钟。

年龄：5岁以上。

引导语：选择一个伙伴。确定谁是A、谁是B。

– 这是一个非言语练习。在整个活动中必须保持静默，可以在活动之后分享你的体验。

– 这个游戏的目标是在闭上眼睛的情况下观察、探索，就好像你是个盲人一样。A首先扮演盲人，B用手而不是声音来引导伙伴，让他们触摸和探索不同的物品或人，也让他们探索体验不同的姿势，但是要保证安全。用触觉来探索，但是也通过其他感官（嗅觉、听觉……）探索。确保总是尊重你的伙伴。这是一个有关信任的游戏，稍后双方便可交换角色。

到快要结束时，"盲人"要慢慢拿下眼罩，环视周围，用一点时间感受睁开眼时什么最吸引他们的眼球。

这个活动可以做10分钟以上。如果条件合适，可以在时间和空间上进行延长和扩展。这个活动可以持续一个小时甚至好几个小时，包括吃一餐或进行户外活动等。

变式：你也可以把配对的两个参与者的胳膊"拴"在一起。他们必须要"在一起"做一系列活动。

提示：带领10岁以下的儿童做此活动，需要持续强调安全问题。他们可能会倾向于对伙伴做恶作剧，或者不够专注。尤其如果安排在户外，要邀请他们特别注意警惕，防止同伴受伤。

分享：邀请"盲人"表达在做盲人的过程中让他们最为触动的事情，在睁开眼睛时，让他们印象最为深刻的是什么。邀请他们探索信任的主题，如"你有什么样的信任体验？什么让你感受到信任或不信任？"。

记下你的育儿经历。

记下你在育儿团体的活动中、阅读时以及你与伴侣和老师的讨论中需要记住的内容，当然还包括你和孩子互动的经历和体验。

个人笔记

我体验、学习到什么？

我所做的可以有怎样的不同？

日期：

启发与学习：

个人笔记

日期：

启发与学习：

个人笔记

日期：

启发与学习：

个人笔记

日期：

启发与学习：

个人笔记

日期：

启发与学习：

个人笔记

日期：

启发与学习：